中专房地产经济与管理 物业管理专业教学丛书

房地产经纪人与管理

广州市土地房产管理学校　高碧峰　　编
中　山　大　学　彭昆仁　主审

中国建筑工业出版社

图书在版编目(CIP)数据

房地产经纪人与管理/高碧峰编.-北京:中国建筑工业出版社,1997

(中专房地产经济与管理、物业管理专业教学丛书)

ISBN 7-112-03171-0

Ⅰ.房… Ⅱ.高… Ⅲ.房地产业-经纪人-概论 Ⅳ.F718

中国版本图书馆 CIP 数据核字(97)第 03746 号

中专房地产经济与管理 物业管理专业教学丛书
房地产经纪人与管理
广州市土地房产管理学校 高碧峰 编
中 山 大 学 彭昆仁 主审

*

中国建筑工业出版社出版、发行(北京西郊百万庄)
新 华 书 店 经 销
北京建筑工业印刷厂印刷

*

开本:787×1092 毫米 1/16 印张:9 字数:217 千字
1997 年 7 月第一版 2003 年 7 月第八次印刷
印数:17,301—18,500 册 定价:**13.00** 元
ISBN 7-112-03171-0
F·251(8311)
版权所有 翻印必究
如有印装质量问题,可寄本社退换
(邮政编码 100037)

内容提要

《房地产经纪人与管理》一书，主要围绕房地产经纪人基本知识、房地产经纪实务、国家对房地产经纪活动的管理等三大内容展开讨论。全书系统地介绍了房地产经纪人的概念、业务范围、权利义务等基本原理；房地产经纪机构的设立，房地产经纪人在房地产交易、咨询、营销策划各环节的业务运作程序、方法、技巧等经纪实务；国家对经纪活动进行管理的原则、内容、手段和法律依据等内容。此外，对于房地产经纪人必备的专业知识，也穿插在本书的有关章节中作了一定深度的阐述。

出 版 说 明

为适应全国建设类中等专业学校房地产经济与管理专业和物业管理专业的教学需要，由建设部中等专业学校房地产管理专业指导委员会组织编写、评审、推荐出版了"中专房地产经济与管理、物业管理专业教学丛书"一套，即《物业管理》、《房地产金融》、《城市土地管理》、《房地产综合开发》、《房地产投资项目分析》、《房地产市场营销》、《房地产经纪人与管理》、《房地产经济学》、《房地产法规》、《城市房地产行政管理》共10册。

该套教学丛书的编写采用了国家颁发的现行法规和有关文件、规定，内容符合《中等专业学校房地产经济与管理专业教育标准》、《中等专业学校物业管理专业教育标准》和《普通中等专业学校房地产经济与管理专业培养方案》及《普通中等专业学校物业管理专业培养方案》的要求，理论联系实际，取材适当，反映了当前房地产管理和物业管理的先进水平。

该套教学丛书本着深化中专教育教学改革的要求，注重能力的培养，具有可读性和可操作性等特点。适用于普通中等专业学校房地产经济与管理专业和物业管理专业的教学，也能满足职工中专、电视函授中专、职业高中、中专自学考试、专业证书和岗位培训等各类中专层次相应专业的使用要求。

该套教学丛书在编写和审定过程中，得到了天津市房地产管理学校、广州市土地房产管理学校、江苏省城镇建设学校、上海市房地产管理学校和四川省建筑工程学校等单位及有关专家的大力支持和帮助，并经高级讲师张怡朋、温小明、高级经济师刘正德、高级讲师吴延广、袁建新等人的认真审阅及提出了具体的修改意见和建议，在此一并表示感谢。请各校师生和广大读者在使用过程中提出宝贵意见，以便今后进一步修改。

建设部人事教育劳动司
1997年6月18日

前　言

　　《房地产经纪人与管理》一书，是根据建设部中等专业学校房地产管理专业指导委员会第六次工作会议纪要的精神，由广州市土地房产管理学校负责组织编写的，并经建设部中等专业学校房地产专业指导委员会评审。

　　本书系统地介绍了房地产经纪人的基本知识，房地产经纪人在房地产市场各环节的经纪业务及技巧，国家对房地产经纪活动的管理，并附录了部分关于房地产市场管理及房地产中介服务管理的全国通用的法规性文件以及我国房地产经纪业务开展的一些实践性案例，力求做到既有理论性、又有实践性。

　　本书由广州市土地房产管理学校房地产经济管理教研室的高碧峰同志编写，由中山大学经济系教授、广东省房地产研究协会副会长彭昆仁同志主审。在本书的编写过程中，广州市土地房产管理学校的领导自始至终给予高度的重视并为教材的编写工作提供诸多的方便；广州市房地产经纪人服务管理所孙晓霞所长给予大力的支持和帮助；原广州市越秀区房管局仲裁办主任高国柱同志对本书的编写和修改提出了许多宝贵的意见；此外，国内外有关专家、学者的研究成果对本书的编写也提供了有益的帮助，对此一并致以衷心的感谢。

　　由于对房地产经纪活动的系统研究工作才刚刚起步，许多理论和实践的问题还有待深入研究和探讨，加之编者的水平有限，故书中难免存在一些疏漏之处，恳请读者和学界同仁批评指正，以便修改补充。

目 录

第一章 绪论 …………………………… 1
  第一节 房地产经纪人 ………………… 1
  第二节 我国房地产中介业的沿革 …… 9
  第三节 海外房地产经纪制度简介 …… 13
第二章 房地产经纪机构 ……………… 20
  第一节 房地产经纪机构的设立 ……… 20
  第二节 房地产经纪机构的管理模式 … 22
第三章 房产交易经纪实务 …………… 28
  第一节 房地产市场概述 ……………… 28
  第二节 房产买卖经纪实务 …………… 34
  第三节 房屋租赁经纪实务 …………… 40
  第四节 房屋互换经纪实务 …………… 44
  第五节 房产抵押经纪运作 …………… 48
第四章 地产交易经纪实务 …………… 52
  第一节 我国土地法律制度概述 ……… 52
  第二节 土地一级市场之地产
       经纪实务 ……………………… 58
  第三节 土地二级市场之地产
       经纪实务 ……………………… 64
  第四节 地产经纪人应知 ……………… 66
第五章 房地产营销策划实务 ………… 72
  第一节 房地产营销策划概述 ………… 72

  第二节 房地产经纪人对营销策划
       的早期介入 …………………… 73
  第三节 房地产促销策划 ……………… 75
第六章 房地产咨询实务 ……………… 80
  第一节 概述 …………………………… 80
  第二节 房地产信息咨询实务 ………… 84
  第三节 房地产项目投资咨询实务 …… 88
  第四节 投资项目财务评价 …………… 95
第七章 房地产估价基本知识 ………… 103
  第一节 影响房地产价格的因素 ……… 103
  第二节 房地产估价基本方法 ………… 109
第八章 房地产经纪管理 ……………… 115
  第一节 房地产经纪管理概述 ………… 115
  第二节 房地产经纪人的资质管理 …… 118
  第三节 房地产经纪活动的监督管理 … 121
附录1 广州市房地产中介合同 ……… 125
附录2 房地产预售契约 ……………… 128
附录3 房地产营销成功案例选登 …… 131
附录4 城市房地产中介服务
      管理规定 ……………………… 134
参考文献 ……………………………… 137

第一章 绪 论

第一节 房地产经纪人

一、房地产中介服务的含义

房地产中介服务有狭义和广义之分,从狭义的角度,房地产中介的活动范围仅仅在流通领域,以为房地产交易的双方提供咨询、促成交易为主要目的。从广义的角度,房地产中介贯穿在房地产业经济运行的全过程中,为房地产的生产、流通和消费提供多元化的中介服务(如表1-1)。

房地产中介服务的内容　　　　　　　　　表1-1

房地产经济运行各环节		房地产中介业提供的服务
生产过程	投资决策	1. 充当投资顾问、提供可行性研究、项目策划等 服务 2. 为各方提供信息、协助寻求投资合作者
	征地 土地开发	1. 为各方提供信息,促使土地供需双方达成交易 2. 进行土地价格评估 3. 代办各有关事务(如申报、立项、办证等)
	房屋建设	1. 为各方提供信息,协助选择承建商,促使承发包合同的签订 2. 代办工程招标投标事项
流通过程	房屋交易	1. 代理房屋买卖、租赁、抵押 2. 承担销售策划、广告推介工作 3. 进行房屋价格评估 4. 代办各种有关事务(如代办产权证等)
消费过程	房屋交付使用	1. 代理物业管理 2. 充当房屋互换双方的中间介绍人

由此可见,房地产中介实际上包含了房地产经纪、房地产咨询、房地产价格评估以及物业管理等四大业务内容。事实上,从更广的范围看,房地产中介服务的业务内容还远不只这些。有人认为,房地产金融中介,如房地产投资、信托、房地产股票债券的代理发行等;以及房地产法律事务中介,如房地产权属转移的法律手续代理、房地产权属纠纷仲裁等,也同是完备的房地产中介服务体系的有机构成部分。但前者,目前在我国只是由专业性的金融机构承办为主,后者则是由房地产律师参与为主。故本书并不打算将房地产中介服务的外延拓展到这一范围。

作为本书讨论重点的房地产经纪活动,是房地产中介服务中最主要和最典型的一项业务，它比较集中地反映了中介活动的本质特征。在现实生活中，房地产经纪业务与房地产中介服务体系中的其他各项业务，是互相联系、互相渗透，相辅相成的。例如一项房地产活动如物业投资的完成，在需要居间介绍的同时，往往也需要物业估价、政策咨询等其他中介职能的介入。因此，房地产经纪人或房地产经纪机构根据自身条件和有关规定可承担多项中介业务。鉴于此，本书在着重讨论房地产经纪业务各有关专业知识的同时，也会对房地产咨询和房地产价格评估等的相关知识作一些简略的介绍。

二、房地产经纪人的概念

房地产经纪人，是指在房地产投资、开发、交易等各环节中从事居间代理业务而收取佣金的商人。

从法律关系的角度解释，经纪人与委托当事人之间所形成的是一种民事法律关系，经纪活动是经纪人为当事人委托事项所进行的居间性有偿劳务活动。其法律特征是：

（1）经纪人与委托人建立的是平等、自愿的委托代理关系。

（2）经纪服务的行为特征是居间服务，发生委托行为的必要前提条件是，存在着可能实现委托人目的的第三方主体，即委托人目的的承受人。至于接受不存在第三方主体的委托事项，如接受委托而自行承担工程设计，则不属于经纪活动的范畴。

（3）经纪人只为委托人实现某种目的创造条件和提供方便，自身并不直接参加委托事项的投资和经营。因此，经纪人的服务收益只是佣金、服务费，而不是投资效益。例如，以经营为目的，购买房地产开发商的房地产，再销售给他人而赚取价差收益的行为，是房地产包销行为，该行为人为房地产包销商而非经纪人。

（4）经纪人在与委托人等价交换中所提供的交换内容，是非生产性的专业劳务，活动的范围主要是在流通和消费领域，并具有专业性。

三、房地产经纪人的业务范围

从房地产开发与经营的各个环节来讲，房地产经纪人的业务范围主要包括以下一些内容：

（一）土地使用权转移过程中的经纪代理

1. 在土地使用权出让中为受让方提供的代理服务

如房地产经纪人在国有土地出让中可以接受受让人的委托，代理地块的选择、进行开发与投资分析、在出让方与受让方之间传递信息、为受让方投标报价出谋划策、以及代办受让方必须办理的一些文书手续等。

2. 土地使用权有偿转让中提供的经纪代理服务

在土地使用权有偿转让中，房地产经纪人可作为中介方接受某方委托，与第三方洽谈，促进交易的达成。

（二）项目投资开发前期的经纪代理

1. 房地产开发项目的招商、转让代理

即为拟议中的房地产开发项目，代理寻求投资商，包括在委托人授权下，按照项目条件、要求、价金，经办洽商、谈判以及有关程序事项。

2. 房地产开发投资与合作的代理

即接受投资商的委托，依照其设定的条件和原则，代理选择房地产开发项目或合作伙伴。

3. 投资开发前期的其他专项代理业务

包括房地产投资的项目策划；投资项目的可行性研究；以及代理项目开发的各项前期工作，如"两证一书"（建设用地规划许可证、土地使用书、建设工程规划许可证）的申领代办、动拆迁代理服务等。

（三）项目开发建设中的经纪代理

1. 工程项目招标投标代理

包括负责组织编写标书和公布招标消息，组织开标、评标，并协助开发商选定中标的承建商。

2. 承建商信誉调查咨询

即接受委托人委托，对要求承接工程的一个或若干个承建商进行调查，了解其基本情况及资质信誉情况。

3. 进度控制咨询服务

即为开发商编制作业进度计划表，具体安排资金、施工、材料的配套平衡工作，供协调进度使用。

4. 市政配套手续代办

（四）房地产交易的经纪代理

1. 商品房销售代理

这是有一定规模的房地产中介机构经常开展的一项业务，即通过与开发商签订推销协议，然后通过本身的信息、宣传渠道为开发商进行促销。

2. 存量房屋交易的经纪代理

即在存量房屋的买卖、互换、租赁、抵押、典当等交易活动中，为交易的双方牵线搭桥，促成交易。日常中，这方面的业务量比较大，但单项业务的标的较小，故主要由中小机构或个体经纪人承办。

3. 在房地产交易中的其他专项代理业务

包括商品房销售的营销策划，代办商品房预售许可证、外销商品房许可证以及产权过户登记等。

（五）房地产洽商展销

这种展销活动的业务内容是综合性的，包括有新区开发和旧城改造土地出让、转让，以及待建在建项目的转让；各类物业的转让；中介服务等各类机构的接洽和现场咨询服务等。展销会一般由较大型的房地产中介服务机构与房地产行政主管部门或房地产行业协会共同举办，也有由行业主管部门或协会单独举办。中介机构无论是作为举办者还是参与者，其在展销会中的经营活动均属于经纪活动的范畴。

四、房地产经纪人应具备的素质

房地产经纪人员的素质，是房地产经纪工作顺利开展的重要保证之一。由于房地产经纪活动具有政策性强——指在处理事务时必须遵守国家有关房屋买卖、租赁、继承、产权登记、土地转让等方面的法规政策；涉及面广——指在开展业务时需涉及双方或多方权益；

综合性强——指在从事业务时需运用多方面的知识；重复性少——指经纪人受托的各个个案极少完全相同等特点，使房地产经纪人在开展业务时有较大的难度，他们必须遵守有关的政策法规，运用丰富的知识和娴熟的技巧，方能为客户提供优质高效的服务。经纪人任何由于无意的疏忽或有意的欺骗所造成的错误，都可能为顾客带来巨大的经济损失，与此同时，也为经纪人带来诸多不利的影响，譬如：经济赔偿、声誉受损，甚至吊销牌照等等。要避免这种情况的出现，要成为一个真正成功的房地产经纪人，唯一的途径就是要培养自身良好的个人素质，而良好的个人素质主要由以下几个方面组成：

1. 具有良好的知识结构

房地产经纪人良好的知识结构由基础知识、专业知识、法律知识和辅助知识组成，经纪人必须掌握：

（1）有关房地产经济学、市场学、金融学等经济学方面的基础知识。运用这些知识将使经纪人在从事活动时，能更周全地考虑物业成本、价格、价值、升值趋势以及房租、地租等因素；能熟练地运用市场预测和分析的方法，采取合适的营销策略来帮助发展商进行销售；能更好地处理有关房地产抵押、信贷、纳税、保险等事务。

（2）有关房地产开发、经营管理、房屋维修、建筑结构、城市规划、房地产价格评估等房地产的专业知识。房地产经纪人要在土地使用权的转让过程中或房地产开发及资金的横向融通过程中充当中介，就必须详尽了解房地产开发程序、土地征用的申报审批程序、房地产价格评估的程序、房屋的拆迁回迁条例以及工程的招标投标细则等内容；而无论经纪人是作为物业代理还是销售代理或其他代理，均应掌握一些关于建筑物的质量、构造、结构及维修等方面的知识。

（3）有关房地产的权属方面及有关经济法、诉讼法方面的法律知识。房地产远不只房屋及土地本身，还包括有各项的权属，由于房地产的不可移动性，使其在建造、买卖、使用、房屋损毁等过程中，都要涉及到错综复杂的权属问题，这要求房地产经纪人对有关的政策法规相当熟悉，诸如在房屋产权的转移、分割、过户登记等方面及在房屋买卖、租赁、重建等方面的政策法规；中国现行土地使用权的出让及转让的法律制度等，经纪人都必须是耳熟能详。

除此之外，由于房地产经纪人在开展业务时，经常的要与各方面签订合同，也可能会遇到一些意想不到的经济纠纷，因此经纪人也有必要对经济合同法、诉讼程序等方面有一定程度的了解。

（4）有关社会学、心理学、公共关系学等方面的辅助知识。人口数量和结构、家庭数量和结构、民族民情等社会动态的变化，会对物业的供求关系产生一定的影响。例如，某一区域的人口增多，必然会造成该区域对房屋的需求增大；独生子女政策，将使一厅二房的物业更受欢迎；高收入家庭比例的提高，会导致人们对物业质量的挑剔——人们除注重建筑物本身的质量外，还会考虑四周环境、子女受教育的条件、公共设施（如停车场、商业网点等）的配置等因素。由此可见，房地产经纪人必须掌握一定的有关民族民情、邻里关系、家庭结构、人口变化等社会学方面的知识，方能更好地把握社会动态的变化，进而把握房地产供求关系的变化。

心理学是一门研究个人行为的科学，房地产经纪人要与各种各样的人打交道，故心理学的有关知识对经纪人来说也是必需的。这里举一个简单的例子，一位代理房屋销售的经纪人在推销住房时，就很有必要对以下问题有所了解：购房者的购房动机；每一位购房者的购房偏好；年龄、家庭结构、经济收入等对购房行为的影响；销售环境的重要性……这一切均有赖于经纪人对心理学有关知识的实际运用。

至于公共关系学，对于房地产经纪人来说也是至关重要的。有人说，"公共关系学是一门研究如何建立信誉，从而使事业获得成功的学问"，房地产经纪人也需要运用各种的公关手段来建立良好的社会关系，提高自身的知名度和树立良好的信誉，这将有利于经纪人畅通无阻地开展各项的业务，并在房地产的中介领域里取得巨大的成功。

2. 具备各种能力

在心理学中，能力是指顺利地完成某种活动的心理特征，或者说是完成一定活动的本领。没有能力将一事不可成。有良好的知识结构不代表有良好的能力，各种的能力应从经验中获得，从知识中转化。在一般意义上说，房地产经纪人应具备的能力包括有：判断能力、应变能力、社交能力、表达能力、谈判能力、调查研究能力以及信息的收集和处理能力等。

3. 树立良好的职业道德

所谓职业道德，是指从事一定职业的人在履行本职工作过程中，应当遵循职业范围内的特殊道德要求和道德准则。房地产经纪人应具备的职业道德包括有：

（1）敬业乐业。即热爱本职工作，对工作投入极大的热情。乐于帮助客户，为其解决各种难题。刻苦钻研业务，注意知识更新，并通过对工作中各种困难的克服寻求巨大的人生乐趣。

（2）诚实的信誉。即以公平、公正、忠诚为营业的信条，不为蝇头小利丧失信义、欺瞒顾客。要知道，经纪人只要有一次不公平的交易，就会引起顾客、顾客的朋友及熟人的注意。经纪人的信誉胜于数以万计的广告费，良好的信誉将使经纪人联络旧客户、结识新客户，编织着越来越密的客户关系网。

（3）知法守法。即严于律己，时时留意国家的有关法规、法令及政策，开展业务时绝不违法乱纪，绝不参与国家不允许私自流通的房地产的中介活动，并自觉接受主管部门、税务部门的监督。

五、房地产经纪人资格的取得

房地产经纪人属于自由职业者，他们受到的来自于单位或机构方面的约束相对较少，因此，房地产经纪人的素质，在很大程度上需要通过对其资格的认定来给予保障。

根据《城市房地产中介服务管理规定》第八条的规定，房地产经纪人必须是经过考试、注册并取得《房地产经纪人资格证》的人员。未取得《房地产经纪人资格证》的人员，不得从事房地产经纪业务。各地区管理部门对于经纪人资格的认定，均有各自更具体详细的规定。

六、房地产经纪人的权利和义务

国家法律赋予房地产经纪人一定的权利，并规定其必须履行一定的义务，目的是引导和规范房地产经纪人的行为准则，维护各方利益，维护市场秩序，促进房地产经纪人更好地开展房地产经纪业务。

1. 房地产经纪人的权利

(1) 依法开展经纪业务活动的权利。房地产经纪人取得房地产经纪人资格证后,受聘于某房地产经纪机构或领取营业执照以个体房地产经纪人的身份从事房地产经纪活动,均属合法行为,应当受到国家法律保护,任何单位和个人都无权阻碍和妨害经纪人从事合法的经纪业务活动,更不得随意取消经纪人资格或吊销其营业执照。

(2) 请求报酬的权利。房地产经纪人所提供的服务是有偿的服务,当经纪人促成房地产买卖的双方达成了交易,或为顾客提供了咨询服务等,他便有权要求支付合理的佣金,以作为他提供劳务的报酬。

(3) 请求支付成本费用的权利。房地产经纪人在开展经纪活动的时候,不可避免地要支出一些费用,如为寻找买主而支付的通讯费、交通费、广告费,带客户看房时所支付的展示费等等。经纪人在完成受托的任务后,有权要求支付这一类在经纪成本范围内有关费用。甚至,即使经纪人未完成受托的任务,但确实支付了经纪成本费用,也可请求支付。当然,在签订经纪合同时,这些问题最好能在合同的有关条款中作详尽的说明。

(4) 双方约定的其他权利。房地产经纪人享有委托合同或经纪合同中双方约定的其他一些权利。

2. 房地产经纪人的义务

(1) 合法经营的义务。房地产经纪人在开展经纪业务时,必须遵守国家的有关法规、法令,严禁违法经营。如不得超越经营范围,套购开发公司商品房出售;不得为国家法律禁止流通的房地产进行中介(如代售宅基地上的合资房、为行政划拨土地的转让作中介等);不得收取佣金以外的额外报酬或好处费等。

(2) 诚实介绍的义务。房地产经纪人在进行经纪业务活动时,有必要将当事人应当知道的事实如实告知当事人,如对于房地产的置业者,就必须如实详尽地将有关房屋的质量、年代、位置、真实价格、城市规划的情况、权属情况等问题加以介绍。严禁房地产经纪人利用刊登虚假广告、隐瞒或夸大事实、弄虚作假等手段来欺骗消费者,损害当事人的利益。

(3) 尽忠职守的义务。房地产经纪人无论是作为买方或卖方的代理人,均应对委托方尽忠职守,遵从委托方的意旨行事,履行合同。如作为买主的代理人,经纪人的职责就是以尽可能低的价格为买主物色到理想的房源。若房地产经纪人有对委托人不忠、违背委托人意旨、隐瞒委托人、违反合同等行为的出现,将有可能得不到佣金甚至遭受其他额外损失。

(4) 公平中介的义务。房地产经纪人从事居间介绍活动时,对于双方当事人,必须保持其公平的地位,不偏袒任何一方,更不能为了一方利益而损害另一方的利益。房地产经纪人在从事经纪活动时很经常地具有双重代理的身份,即既是买方代理又是卖方代理。由于买主代理人的职责是以尽可能低的价格物色卖主,而卖主代理人的职责则是以尽可能高的价格物色到买主,所以双重代理的职责往往是相互抵触的。因而经纪人充当双重代理人时,应分外小心,更妥善处理好双方当事人的关系,更公平对待双方当事人,并最好能将其双重代理的身份告知当事人。在美国,法律严格规定,代理人在没有告知双方的情况下,不得充当双重代理角色,否则,除了可能得不到任何佣金之外,还可能受到取消经纪人资格、赔偿受损一方经济损失的处罚。

(5) 接受管理监督和依法纳税的义务。房地产经纪人应服从当地房地产经纪主管部门的管理,向主管部门报送业务统计报表,并按经纪业务收入的一定比例交纳管理费。房地产经纪人也应接受财政及税务部门的监督,依法向国家缴纳规定的税费。

七、房地产经纪人的佣金

经纪人在为委托人提供订约机会或充当订约介绍人、完成委托的中介服务后,由委托人支付的劳动报酬,在法律上叫佣金。

房地产经纪人所提供的中介服务,实质上是一种劳务产品,因而佣金实际上就是这种劳务产品的价格。按照产品价格组成的理论,任何产品的价格都是由 C、V、M 三个部分组成,即由成本和利润组成。房地产经纪人在提供中介服务这一劳务产品时,必然要支付广告宣传、商品展示等经纪成本;房租、办公设备、员工工资等办公费用;以及资格申请、注册、员工培训等开办费用。所有这些费用均应在佣金中得到补偿,除此之外,经纪人还需获得一定的营业利润。因此,房地产经纪人的佣金就必须包含成本支出和利润两大部分,即:佣金=成本支出+利润。

在实际的操作中,佣金的支付形式通常有几种类型:一是所有的费用包含在佣金中,此时,佣金比例较高,按现时的行情,代理房屋销售一般是3%~5%;另一种情形是,佣金中不包括经纪费用,委托者除支付佣金外,还要支付经纪人提议且己方同意的广告、策划、展销会等费用,此时佣金比例下降至1%~3%。佣金可由经纪人为其提供服务的双方当事人共同承担,也可由其中一方独自支付。在代理房屋销售时,佣金一般由售房者、发展商承担,也有经纪人同时向购房者收取佣金的,但这种现象在房屋供需状况缓解时将会自动消失。房地产经纪人也可在接受委托后预收部分的佣金,在经纪成功后再一次收齐全额,当然,经纪业务未完成的,经纪人应将预收款退回给当事人。无论经纪人采取何种收佣方式,都最好能与当事人签约以明示。

为加强对房地产经纪人佣金的管理,防止经纪人为追求高额利润而毫无抑制地提高佣金标准,各地房地产经纪管理部门都立法对经纪人的经纪收入进行管理。如《上海房地产经纪人管理暂行规定》的第十四条规定:"房地产经纪活动的服务费用由房地产经纪人与当事人在下列收费标准内自行议定,并在房地产经纪合同的履行期限内交付:

(1) 居间介绍、代理房屋买卖、国有土地使用权转让的,按成交价的百分之三以下收取;

(2) 居间介绍、代理房屋和国有土地使用权租赁的,按月租金的百分之七十以下一次性收取;

(3) 居间介绍、代理房屋交换的,按房地产评估价值的百分之一以下收取。

提供咨询服务的,服务费标准由双方协商议定。"

八、房地产经纪人的作用

房地产经纪人的存在,是由房地产业自身的特点决定的。首先,房地产是一项具有固定性、相对永久性的不动产,这使得房地产市场是一个地域性很强的市场。在房地产商品的交易中,买卖双方往往会受到地点、交通、时间以及信息传递等因素的制约,从而增加成交的难度。此时就需要经纪人周旋于买卖双方之间,传递信息、提供服务、促成交易。其次,房地产是具有异质性的物业,它包含着结构型式、平面布置、室内装修、楼层、朝向、设备、年代等质量因素；地段、交通、生活服务设施等环境因素；社区文化、邻里关系等社会因素以及更为深奥的城市规划、建筑设计、建筑经济等其他因素。这些因素的不同组合满足着各置业者的不同层次的需求，而这些因素的变动更会影响着物业的价格及升值率。由于房地产的价格较为昂贵，置业者的购买行为一般也不会重复，在经验和专业知识缺乏的情况下，置业者不可能在短时间内正确判断各种不同的因素对物业质量、使用功能以及价格的影响，而经纪人因长期置身于房地产交易市场，具有较丰富的经验和专业知识，并掌握大量的信息，在他们的帮助下置业者方能较快捷妥当地觅得使用价值和价值都相对较满意的物业。再次，房地产的交易行为具有复杂性，它涉及到权属的变更、有关的政策法规、城市规划、交易程序和交易手续等一系列的问题，一不小心，置业者或投资者就很容易掉进人为的或非人为的陷井，蒙受巨大的经济损失，而在经纪人的帮助下，他们将能顺利办妥各种必要的手续，并获得应有的法律保障。最后，房地产的投资具有投资金额大、回收期长的特点，其利润高但投资风险也大，只有通过经纪人对市场信息进行收集、反馈和分析；对投资项目进行精心策划；以及对推出物业进行良好的促销代理，方能在最大程度上防止投资失误、规避投资风险。

以上种种使房地产经纪人的存在成为必然，并在房地产中介舞台上，发挥着如下所述的愈来愈重要的作用：

1. 促成交易，繁荣房地产市场

房地产经纪人居于买卖双方之间，一方面可以起到穿针引线、互通有无、促成交易的作用，另一方面又可以通过实施专业化的营销策略，采取强有力的促销手段，提高交易运作的效率，以达到扩大交易总量，加速资金循环周转，繁荣市场的目的。

2. 收集、处理、反馈和传播市场信息

房地产经纪人因其自身经营的需要，必须不断地收集大量的信息并加以处理，而这些经过处理较具系统性和连续性的信息，在经纪人的经营活动过程中又以不同的方式及不同的渠道传播开来，并为社会各界人士所利用。

3. 为消费者提供广泛的服务

包括提供房源信息、介绍市场行情；解释、宣传房地产交易过程中所涉及的法律、法规、政策和交易程序；代办繁琐的交易手续；提供优良的售后服务等等。总之，房地产经纪人在消费者有置业动机的瞬间开始，就必须为置业者提供详尽的服务，直至协助置业者完成置业的全部步骤，并尽最大可能保护消费者的利益不受损害。

4. 充当投资者的良师，促进资源的合理布置

房地产经纪人处于市场的前哨，对市场的供求情况和市场的走势把握得较为准确，通过市场分析和项目策划，经纪人可协助发展商作出正确的投资决策，减少投资的盲目性。而只有投资方向正确，才能保证新建成的物业符合社会的需求，才能保证社会资源得到最合理有效的利用，才能避免社会财富遭受巨大的损失。

5. 规范市场行为，为政府的决策和实施有效的管理提供依据

经纪人周旋于房地产买卖的双方，在促成交易的同时，为双方宣传有关的法规政策，甚至为双方办妥有关的法律手续，这在一方面可避免因当事人缺乏法律知识而产生不合法的行为，而在另一方面又可使政府的有关法规政策得到贯彻执行。为此政府不需要直接插手房地产市场而只需要利用经纪人的合法活动，便可达到规范房地产市场运作的目的。与此

同时，政府可通过经纪人的活动收集到房地产市场的有关问题，从而为其作出合理决策、制定行之有效的管理措施提供有力的依据。

第二节 我国房地产中介业的沿革

房地产中介业与房地产业的关系是非常密切的，它的兴起与发展有赖于房地产业的兴旺与发达，在房地产业迅速崛起和发展的时期，房地产的中介活动也异常的活跃，而在房地产业相对萎缩的时期，房地产的中介活动也会趋于平静甚至消失，这一点可从我国房地产中介业的发展历史中得到见证。

一、1840年～20世纪初

1840年以前，中国的房地产业已具雏形，城市规划、房屋营建、修缮和管理等行业正逐步形成，民间的房地产买卖、租赁、抵押、典当等活动也较为普遍，但这些原始的房地产经营活动，均没有超出封建经济结构的制约，买房买地只是为了添置必需的生产资料和生活资料、积累财富，而不是为了投资增值。

1840年鸦片战争之后，中国房地产业的发展进入一个新的时期。帝国主义入侵者在带来鸦片的同时，也带来了房地产业的资本主义经营方式。随着通商口岸的开放以及租界的设立，许多外商意识到中国的房地产业有大利可图，纷纷投资房地产业，他们从事土地买卖、房屋建造、房屋租赁及房地产抵押等经营活动，在攫取暴利的同时也促进了中国房地产业的繁荣。

房地产业的发展，房地产市场的兴旺，培育了房地产中介活动的萌芽。最先出现在中国房地产中介业历史舞台的，是"二房东"们。在当时，大的房地产投资商主要经营的业务是房屋的直接出租，即将其修建的各种豪华大厦，以高价直接出租给各类商店、银行或其他大的承租户。与此同时，由于这些大的房地产投资商不愿直接经营零散的小住户承租业务，所以，他们还采取转手出租的方式进行经营。在转手出租的方式下，大的房地产主将房产的出租业务委托给一个可信赖的人经营，这个专门为房地产业主经营和转手出租房屋的人，即被称之为"二房东"。"二房东"转手出租房屋，在房租上进行盘剥。同时，"二房东"还伺机以各种名义额外收取费用。由于有"二房东"的帮助，房地产业主基本能够按时收取零散承租者的房租。在旧中国，较早推行转手承租的是上海。1907年，著名的外国房地产投资商——沙逊洋行在上海同沈志贤和马小眉正式签约，规定每月月底，由沈、马二人将这个月其所监管的全部房屋的房租汇总交沙逊洋行。沙逊洋行对沈马二人利用监管权的额外所得，则一概不问。其后上海乃至全国的各大房地产主相继采取转手出租的方式经营零散承租业务。"二房东"作为一个社会阶层也由此而逐渐形成，并一直沿续至解放初期。

二、民国时期

民国之后，尤其是在20年代至30年代的10余年中，中国的房地产业处于上升时期，发展较快。国外及国内的大房地产投资者继续投资房地产市场，大规模兴建高层大厦，出租获利。从20年代初起，海外华人也相继回乡，加入房地产业的投资经营活动，使已经升温的房地产业再掀高潮。与此同时,房地产的中介活动也相当活跃,出现了一大批专门从事房地产中介活动的从业人员。如在上海,出现了专靠介绍房屋租赁,从中取利的房屋掮客,上海人将其称之为"白蚂蚁"。"白蚂蚁"从事活动的方式有两种。一是以"顶屋公司"的形式出现;一是以"单干个体户"的形式出现。"顶屋公司"有固定的经营场所,以在报纸上刊登广告的方式招揽生意,一般出租人委托公司出租房屋时,只需登记房屋的地点、朝向、大小等情况,并注明"顶手费"的上下幅度即可。而承租人则要向公司填写委托书,并在成交时支付佣金(一般为顶费总数的十分之一)及若干委托费。公司通过撮合房屋的出租者与承租者,无本而获利。至于"单干个体户"则以茶楼为其经营的据点,他们在那里交换信息,撮合成交,从中获利。再如在北京,更是出现了大量的以介绍房屋买卖为其主要业务的"房纤手","房纤手"们分布于市内各区,每区均有"纤头"(即房纤手里的代表人物)。纤头们一般配有若干助手,协助其从事房屋交易的中介活动。通常房屋的买卖活动须经以下步骤才可完成:(1)委托纤手作介绍。买房之人将自己的意向告知纤手,纤手则根据自己所掌握的卖房者的信息,代其物色房子。(2)约期看房。在买卖双方初步同意的前提下,纤手会为双方约定时间,并带领买房者看房。(3)递价、让价、收取定金。到这一阶段,买卖双方会通过纤手反复议定价钱,并由纤手代卖方收取定钱(定钱一般为房价的百分之十)。(4)立字、过款。买卖双方及房纤手约定时间,在某一大饭庄内,经过验收原契纸,订立新契约后,买方付过房款,即完成整个交易过程。然后,新旧业主开筵庆贺,同时,按"成三破二"的比例付给纤手佣金。

这个时期,我国房地产中介活动有如下特点:

第一,房地产的交易活动基本由经纪人所把持。在上海、广州、北京、天津等大城市,无论是房屋的买卖、租赁,还是土地的买卖,一般都需通过经纪人进行。而经纪人则倚着其在房地产交易中的特殊地位,牟取高利。如在广州,在抗战期间,一些国民党政府官员与经纪人勾结,趁部分市民疏散到内地之机,低价购入房屋,高价卖出,有的还进行强买强卖,从中牟利。而在抗战胜利后,这些与官员勾结的经纪人,看准随着市民返回,房地产业会逐步恢复的形势,纷纷参与地皮的炒卖活动,他们哄抬地价,攫取厚利。

第二,房地产经纪人在其从事业务活动的过程中,逐渐形成了没有行会的松散组织。房地产经纪人虽然没有像其它行业的中介人那样成立行会,但他们在从事业务活动的过程中却交往密切,许多没有成文的行规也逐渐约定成俗。如广州的经纪人喜欢在茶楼酒馆相聚,在那里交换行情、交流信息,而在北京,房纤手们更是专门约定一日(每年农历二月初二)举行大集会(纤手们称之为"财神会"),以扩大交往。

第三,房地产经纪人在从事活动时,多有欺骗行为,公众对经纪人的印象欠佳。经纪人在开展业务的时候,常采取各种各样的方式欺骗当事人。如在广州,有所谓的"卖定帖"、"挂胡"等,即经纪人在为买卖双方牵线时,先同买方讲好价钱,预收少量定金,然后持契证冒充卖方,索取更高的价钱,以独吞其价差。在北京,则有所谓的"倒饰房",即房纤手将年旧失修的房屋以低价购入,略加修缮——这种修缮只是在外表上掩盖房屋的破旧程度,而在结构上则未作任何的改善,然后以高价售出……如此种种,使受害人对从事中介活动的人深痛恶绝,广大的市民对中介从业人员的种种称呼,如"白蚂蚁"、"房纤手"等,大多包含有鄙视的含义。

第四,政府开始重视对中介活动的管理,但管理力度不够。民国政府为了加强对经纪人的管理，限制经纪人高抬地价和乱收手续费，也陆续颁布了一些经纪人管理及房地产交易管理的暂行办法。如民国36年（1947年）2月，广州市政府公布了《广州市地政局管理经纪人的暂行办法》规定了经纪人的手续费是：土地及定着物（房屋）的买卖为买卖价额的2%；土地及定着物的典押为典押额的1.5%；土地及定着物的租赁为租赁价额的8%；土地价格的评估为土地价额的0.1%。房地产经纪人收取手续费，如有超过规定者，处以超过部分10倍以下的罚金，如属屡犯者，吊销其执照。这些条例的实施，在一定程度上约束了经纪人的行为，但经纪人违法现象仍屡禁不止，房屋买卖及租赁纠纷也时有发生。

三、1949年以后

解放初期，民间的房地产交易活动仍较为活跃，经纪人继续操纵房地产交易市场，房地产交易市场及中介活动都比较混乱。从50年代初开始，政府加强了对经纪人的管理，颁布了一系列的管理法规，采取淘汰、取代、改造、利用以及惩办投机等手段，整治了房地产中介业。如广州，在1950年3月，市人民政府公布了《广州市房屋租赁暂行办法》，同年取缔了二房东，将在出租过程中收取"批头"、"鞋金"等行为视为非法，并于1952年3月成立房屋租赁介绍所，为市民提供租赁介绍服务。1950年9月，经市人民政府批准，成立"广州市房地产交易所"负责办理政府机构及个人委托买卖房地产交易业务。1951年5月，市工商局公布《广州市经纪人管理暂行办法》，规定经纪人在从事业务时，必须持有经纪人许可证，同时按规定的范围收取佣金或手续费。1952年6月，市房地产管理局发出《关于成立房地产经纪学习班分批审查本市房地产经纪的布告》，对全市137名经纪人进行调查，严肃查处在中介活动中敲诈财物、欺骗食价、偷漏契税等违法行为，整顿房地产市场。1953年3月，为了加强对房地产市场的管理，更好地引导和利用经纪人，市房地产管理局公布了《广州市试行房地产交易员暂行办法》，取缔了经纪人，并在房地产信托公司下设置交易员（从原来经登记的经纪人中，挑选素质较好的担任），明确交易员应具备的条件、工作守则、手续费及有关奖惩办法等。交易员必须经审查批准，取得交易员证之后，方可从事中介活动。这一系列的管理办法实施之后，理顺了房地产市场的各种关系，有力地抵制了房地产经纪人的违法行为，大大减少了房屋买卖及租赁纠纷，取得了较好的效果。

"十年动乱"期间，我国从观念上否定了商品经济，房地产业陷入了低谷，房屋作为一种"福利品"，不是通过市场交易而是采取分配的形式转移到消费者手中，民间的房屋交易活动也减少到最低限度，在这种情形下，从客观上使得房地产的中介活动成为不需要，而另一方面，从主观上，政府部门认定中介行为是一种投机行为，将其视为非法，坚决予以取缔。因此，在这一阶段，房地产中介活动基本消失。

四、我国房地产中介业的现状和展望

改革开放以后，百业俱兴，随着城镇国有土地有偿使用和房屋商品化的推进，我国的房地产业高速发展，并将成为国民经济发展的支柱产业之一。房地产经纪人及中介服务公司顺应着社会的需求，如雨后春笋般涌现，并呈现出以下的特点：

第一，从业人数有不断扩大的趋势，而行业组织的成立更是标志着该行业已具一定规模，并将逐步走向成熟。在我国，房地产中介业是于1992年底才开始发展起来的，1993年与1994年发展最快，据初步统计全国的中介服务机构已达4000多个。1995年1月10日，

中国房地产业协会房地产中介专业委员会正式成立。

第二，从业人员素质不一，良莠不齐。由于该行业从业人员的结构较为复杂，有专职的、兼职的，还有退休后才投身该行业的；有持牌的合法经纪，还有无牌的黑市经纪，这使得从业人员之间在素质上有较大的差距。有一部分人，精通业务，熟悉房地产交易的运作程序及有关的政策法规，开展活动时知法守法，而另有一部分人，专业知识薄弱，法制观念不强，手段落后，有的甚至仍采取欺骗的手段从事活动。

第三，中介服务项目单一，服务层次水平低下。目前，大多数中介公司规模相对较小，仅仅从事房屋买卖或租赁的中介代理业务，其它诸如房地产咨询、投资顾问、项目策划、房地产价格评估等项目则因缺乏人才而开展不起来。

第四，政府对中介活动的管理日益完善，但尚需作进一步的努力。随着中介业的发展，我国各地方政府纷纷成立了专门的管理机构，各项法规也相继出台。如广州，在1993年正式成立了房地产经纪服务管理所，它是广州市房地产中介服务机构的管理部门，对从事房地产中介服务的机构和个人实施全面的管理。而《城市房地产中介服务管理规定》这一全国性的法规文件也于1996年1月颁布并于2月1日起正式施行。这使得政府对房地产经纪人的管理有法可依。然而，政府部门在管理上仍存在着如法制建设滞后、缺乏统一的行业规范、政策指导及信息指导薄弱等等亟待解决的问题。而这些问题正是导致中介市场混乱，中介行为不规范的重要原因之一。

房地产中介业应房地产市场的需要而萌生，又因其自身的特殊作用，促进着房地产市场的活跃繁荣。但房地产中介活动也会为房地产市场带来负面影响，若管理疏漏，极易出现欺骗双方，牟取暴利，投机倒把等非法行为，这既严重干扰市场的正常运行，又影响中介业的声誉，进而阻碍着中介业的正常发展。

为此，展望房地产中介业的发展，将会有如下的必然趋势：

第一，专业水准提高，服务形象改善。随着从业人数的增多，行业规模的扩大，中介业内的竞争日渐激烈，优胜劣汰的规律将使各从业人员、中介服务公司端正经营思想，以提高自身素质，提供优质、高效、多元化的服务来建立信誉。中介服务机构将从业务单一的"媒人"模式走向提供咨询、策划、评估等多元化服务的"高级顾问"模式。与此同时，中介领域里将会涌现大量的专业人才，房地产评估师、测量师等专业人才将与房地产经纪人一起，活跃在房地产中介领域里，为社会提供全面的、一条龙的服务。

第二，发挥行业组织的作用，促进中介业健康有序地发展。随着房地产中介业的不断发展，房地产中介行业组织在规范本行业的行为标准、职业道德方面，在为组织成员提供服务、维护其合法权益方面，以及在协助政府加强对本行业进行管理等方面，将日益发挥其愈来愈重要的作用。

第三，加强法制管理，规范中介市场。无论是顾客还是业内人士，都希望着房地产中介业管理法规的完善。大众希望通过对经纪人"资格的认定"、"行为的监督"以及"对行为不端者的淘汰"等有关法规来避免不法从业者对中介市场的冲击，希望通过对经纪人法律地位的确认以及有关的法规来保障经纪人和消费者的合法权益。

我国房地产中介业虽然只是一个在最近这短短的几年间才得以复兴的行业，但是在政府政策法令、行业组织以及市场规则的正确引导下，将会拥有一个愈来愈健全的营业环境，并发挥其对房地产市场应有的促进作用。

第三节 海外房地产经纪制度简介

一、美国的房地产经纪制度

美国房地产经纪人的活动在1917年以前便较为活跃，但正式形成完善的制度则是在1917年加州立下相关的管理法规之后。随着加州相关法案的出台，美国各州政府也陆续立法，以规范不动产经纪活动。纵观美国房地产经纪制度，有着如下的特点：(1)以健全的法规体系作为规范经纪人行为、防止经纪人违法现象出现的重要的法律依据；(2)以组织严密的行业协会，对经纪人进行督促和教育，并提供广泛的服务；(3)经纪人遵从一定的经纪契约方式，进行经纪运作。下面将从这几个方面对美国房地产经纪制度作一系统的介绍。

（一）不动产执照法

美国规范房地产经纪人行为的法规体系包括有一般代理法规、契约法规、各州不动产执照法、各州相关法律、联邦法等，其中不动产执照法是最重要的法规之一。

各州房地产委员会是执行不动产执照法的权力机构，该委员会主要通过拒发执照、扣留执照、吊销执照三种方式执法。

1. 执照的核发

在美国从事房地产经纪活动的专业人员有二种，一为销售员，一为经纪人。他们均应持证营业，但在取得执照的资格要求上，却有着明显的区别。

代表经纪人行事的人员称为销售员。他只能执行经纪人所指派的任务，无权签订合同也无权收受佣金，其酬劳则由经纪人与之相互协定。不动产执照法中对销售员执照的取得有详细的规定：

(1)年满18岁之自然人。

(2)具有诚实良好的名声。

(3)持有执业房地产经纪人的推荐信，证明该经纪人有意在日后雇用此名申请者。

(4)高中毕业或同等学历，有些州规定须具有专业训练时数。自1986年元月起，则规定须修习《房地产原理》才能参加销售员考试。

(5)通过房地产销售人员考试。

(6)凡取得房地产销售员执照18个月内，持照者须再加修两门与房地产有关的学科，并经过考试鉴定合格，方能维持该执照的有效性。

不动产执照法对经纪人在学历、业务、职业道德等方面的要求更为严格，申请者必须具备以下条件，才能取得经纪人执照：

(1)年满18岁之自然人或法人。

(2)提出明显证据以证明申请者具有诚实正直的良好名声。

(3)高中毕业或同等学历；另加受专业训练时数。自1986年元月起，申请者须大学毕业或至少2年以上房地产实务经验才可，此外并须修习与房地产有关的8个学科。

(4)具有当销售员的工作经验，其工作年数由各州自定。

(5)通过不动产经纪人考试。

2. 执照的更新

无论是销售员还是经纪人，其所持执照每四年就必须申请更换一次。申请者还应出示证据，证明其已完成45小时有关不动产的最新教育原理的课程，讨论会或会议，方能更换新的执照。

3. 执照的暂停或吊销

美国各州房地产委员会在接到投诉并经调查获得足够的证据后，就可召开听证会对经纪人或销售员进行判决，处罚的措施一般包括没收非法收入、暂停或吊销执照。美国商业职业法典的有关条款列举了暂停或吊销经纪人及销售员执照的非常严格的规定，只要经纪人违反其中之一，即有可能被判以此种惩罚。现将该有关规定概述如下：

(1) 不实陈述。经纪人或销售员对房屋状况作不实陈述，可视情况严重与否暂停或吊销其执照。

(2) 虚假承诺。经纪人或销售员对土地未来发展提供不实或捏造的资料，以至买主上当。

(3) 多方代理。经纪人不只为单一团体工作，却未将实情告知或取得各团体的认可。

(4) 公私款项不分。将客户交付的定金或款项存入自己的帐户。

(5) 隐瞒实际利润。经纪人已获得买主，却又回头要求屋主以较低价出售。

(6) 以欺诈手段取得执照。执照所有人在申请执照时，未能将以往之瑕疵事实详细写于申请表格内。

(7) 受刑事的警告。不论罪名轻重，只要涉及道德方面，即可适用。

(8) 不实的广告。对土地分割或其他不动产类的销售作不实夸大的广告，以致引起争端。

(9) 疏忽或能力不足。因执照所有人的大意疏忽或能力不足，导致客户的权益受损。

(10) 未能负起监督责任。经纪人对其下属的销售员负有监督的责任，如果因为监督不严引起客户遭受严重损失，则经纪人负连带责任。

此外，美国许多州还专设一"不动产复原基金"，用以保障消费者因某一经纪人的不法或过失行为而造成经济损失时，能得到一定的补偿。该基金由领照人在申请注册时所缴纳的特别经费积累而成。

(二) 经纪人行业协会

美国全国性的经纪人组织主要有两个，一为[全国不动产师协会](National Association of Realtors, NAR)，该协会成立于1908年，其立会宗旨主要是提高不动产业人士的专业水平。"不动产师"的头衔也只有NAR的会员才可用作营业的注册商标。另一为[全国不动产经纪人协会](National Association of Real Estate Brokers, NAREB)，该协会成立于1947年，主要是从事黑人不动产中介业务，该组织的会员所使用的专业头衔是"不动产士"。

美国房地产经纪人行业组织的作用包括有：

1. 制定协会的自律守则，并监督协会成员遵守。

如[全国不动产师协会]就制定了督促业者营业的重要的伦理规范，其内容摘要如下：

(1) 不动产经纪人应注意房地产的相关信息及各种法令规定，以提供完善的服务。

(2) 人人严于律己，以维持业界形象。

（3）业界间应分享工作经验，时时充实以增强个人的专业知识。

（4）经纪人为卖主的房地产出售代表，一切交易过程，理应对卖主忠心、负责，并有报告处理过程的义务。

（5）经纪人不可私自收取不该拿的佣金，更不可向买主收取介绍费或佣金，如果买主愿意付佣金给经纪人，也必须在契约上签订，且卖主一定要知道此事。

（6）契约方式尽可能以"经纪人独家销售权契约"为主。

（7）经纪人不刊登不实广告。

（8）公平对待任何种族、宗教、性别。

（9）除非对立的双方当事人确知并同意双方代理，否则经纪人不得同时代理双方，进行交易。

（10）有纠纷或违法行为时，由仲裁委员会先行判定。

（11）经纪人不可将业主的钱和自己的钱混合存在信托帐户，而应另立帐户，以示明确。

（12）有关买卖双方的责任，应以书面协议约定，并由双方签名，同时经纪人应将副本递交双方当事人。

（13）非［全国不动产师协会］会员，不得任意使用该会员的标徽。

2. 提供专业的教育和训练的课程，使不动产各种专业头衔都具有足够的专业知识和执业能力。

3. 提供广泛的服务，如业务介绍、提供信息等。其中信息服务是经纪人协会为成员提供的一个极为重要的服务之一。协会有规定，协会成员不得隐瞒或垄断信息，否则协会将会取消其成员的资格。由此经纪人协会可通过其旗下的经纪人，源源不断地将分散的信息加以收集和汇总，并通过定期发放信息小册子，使经纪人获得更广泛的信息资料，从而更好地开展中介业务。

（三）经纪人运作

美国房地产经纪人的运作方式依契约形态的不同而有所区别，美国房地产经纪契约的形式有以下六种：

1. 独家销售

即由经纪人独家销售顾客委托出售的房屋，在契约有效期间内，不论是经纪人或是卖主将房屋出售，卖主都必须支付佣金给经纪人。

2. 独家代理

即卖主只能委托一位经纪人代理出售其房屋，与第一种形式不同的是，假使在契约的有效期内屋主自行找到买主，则不需付给经纪人任何酬劳。

3. 公开销售

即卖主可选择多个经纪人为其代理出售房屋，并将佣金支付给最终将其房屋卖掉的经纪人。

4. 联网销售

即由各种类型的房地产公司与多位经纪人联手，组成联合销售网，将所有加入该组织的经纪人所签得的代售合同转给所有的会员，以加快房屋出售的速度。无论最终由那一位经纪人将房子卖掉，最先签约的原始经纪人都可获得佣金的一部分。注意在该方式下，最先签约的经纪人所签定的应该是独家销售契约。

5. 优先购买

当经纪人与卖主签订合同后，若卖主欲降价将房屋卖给他人时，则必须先告知经纪人，因为在这种形态下，经纪人有优先购买该房屋的权利。

6. 净值销售

即卖主对其出售的房屋标定底价，超出底价的差额部分作为佣金归经纪人所有。但经纪人必须将此差额告知卖主。这种形式在现今使用较少，在许多州甚至被视作非法。因为这种方式极易诱使经纪人隐瞒房地产的真实价格而欺瞒卖主。

以上六种方式由卖主自行选择。一般说来，经纪人都希望以独家销售的方式来为卖方服务。这种方式在美国运用得最多。

无论经纪人以何种运作方式开展经纪业务，其运作程序一般都包括以下几个步骤：

1. 洽谈委托

卖主通过经纪人协会，从几家经纪行中选择一家，与之签订房地产委托销售协议。

2. 广告宣传

经纪人接受委托后，首先要刊登广告，介绍房屋和承办经纪人的情况，在与卖房人达成一致意见后，经纪人有权带人上门看房。

3. 检查房屋

找到买主后，经纪人要请一名工程师到现场检查，查看房屋结构和设备，给排水和供电系统是否正常，新建楼房则要检查工程质量等。

4. 调阅资料

包括调阅土地、规划等方面的档案；产权方面的凭证等。同时，经纪人还要通过电脑查询买房人的收入情况以及税收、贷款等情况，以审查其是否有支付能力。

5. 评估房价

由经过专门训练的估价师进行。

6. 签订合同

买方同意买房后即与经纪人签订买房合同，并由买卖双方代理人签字。合同签订后，双方律师各检查3天。同时还规定在6天时间内，买卖双方可以反悔，提出终止交易。

7. 产权转移。

买卖双方在6天内无提出异议，即可订立买卖契据，实现产权的转移。美国实行契约登记生效制度，办理房地产产权转换由法院作证明。

以上是经纪人对存量房地产交易的经纪运作程序，对于增量房地产（即新建商品房）的销售，也需由经纪人操作，做法大同小异。在美国，开发商必须持有经纪人执照，才能自行销售。而且，开发商一般都不愿自销，而希望通过专业的经纪人来进行促销，以扩大销售量，加快成交速度。

至于房地产经纪人的佣金，一般由经纪人与买卖双方在签订协议时商定，通常是以销售总额的百分比定之，该百分比随所销售的物业的种类不同而有所差异。而州房地产委员会对此并无硬性规定。

二、香港地区房地产经纪业简介

香港的房地产经纪活动，起始于70年代，并随香港房地产市场的繁荣而日益活跃。目前，香港业界主要有以下五大类型的经纪公司：

(1) 由地产发展商属下设立的物业代理公司。

(2) 专业测量师兼营的物业代理部。

(3) 本地商界人士开设的多元化、国际化物业代理集团。

(4) 写字楼或地铺式的中、小经纪公司。

(5) 业余独立的地产经纪人。

据悉，香港现时大约有16000个地产代理从业人员，5000间地产代理商。

香港房地产经纪行业的经营特点，概括起来，有以下几点：

(1) 经纪人不需通过专业考试以获取专业资格，也不需持照开业。

(2) 没有组成同业公会，故也没有相应的行业规则去约束业内人士。

(3) 一部分经纪人同时参与楼房炒卖活动，其经营手法也倾向于投机性质。

(4) 市场规则起着重要的作用，激烈的竞争去弱留强。现存的物业公司，大多数专业水平较高，经营手段多种多样，除充当中间商的角色之外，还为客户提供着如投资顾问、市场分析及预测、销售策划、售后服务等多元化的服务。在为发展商推介期楼或现楼的过程中，常常会作出惊人的成绩。

(5) 房地产律师的参与不可缺少。虽有经纪人作中介，但买卖双方仍需委托律师代办有关的法律手续，包括调查楼宇的业权情况、土地批租期限等有关情况；负责制定有关的买卖契约；解释有关的法律条款和程序，向当事人提供法律意见；办妥过户注册登记手续等等，以充分保障当事人的权益。在经纪人缺乏政府有力的监督和同业公会约束的情况下，律师的作用就显得相当重要。

香港房地产经纪人的运作程序大致分为以下几个阶段：

(1) 受托。即经纪人接受委托，代理买方或卖方购买或出售物业。

(2) 寻找。即经纪人通过各种渠道协助买方或卖方选择合适对象。

(3) 商议。即经纪人接受有兴趣的买家咨询并引导其察看有关物业。同时协助买卖双方议定价格及其他条件，签订临时合约或意向书，交换代表律师姓名，买家交下临时定金。

(4) 审查。由卖方律师将有关物业的地契文件送交买方律师审阅，确认卖方的产权清楚无误。买方查验有关物业，确保情况满意。

(5) 订约。即由经纪人联络双方律师，签订合约。通常是由卖主律师起草正式买卖合约，经买方律师审查后，买卖双方签妥正式合约，买方交下应付定金，确定成交日期及条件。

(6) 成交。买方付足余款，卖方将物业及有关地契条件按正式买卖合约交予买方，双方签署《产权转户契约》。

(7) 注册。产权转户后，由买方律师将有关产权转户契约在田土厅注册。

香港政府对房地产市场的管理主要是通过建立完善的法规来进行，在物业转让的过程中，所涉及的法规主要包括有《物业转让条例》、《土地注册条例》以及有关的税收制度等。这些法规通过交易双方的代理律师的严格执行，一方面保障了双方当事人的权益，另一方面又起到规范市场行为的作用。

最近，香港行政局开会商讨有关成立地产代理监察局的事宜，该监察局主要负责制订发牌条例，订立执业守则和惩罚准则。为确保监察局的可信力，监察局成员的组成除了业内人士之外，还包括其他专业人士和市民代表。香港的业内人士表示欢迎发牌制度，认为发牌制度有助于行业提高专业化水平及服务质量。

三、台湾地区房地产经纪业简介

台湾地区的房地产中介业起始于60年代，至80年代已涌现大批房屋中介公司，如知名度较高的永邦房屋公司、太平洋房屋公司、中信公司等。台湾的房地产经纪公司大多采取多元化的经营方式进行经营，其服务项目主要有：

（1）帮助买主对房地产进行估价；

（2）帮助买主弄清房屋的产权问题；

（3）按要求为卖主提供售价咨询，运用专业知识提供建议，以提高原有房产的售价；

（4）为买方或卖方办理贷款业务，经纪人一般较注重加强与银行的贷款信用关系，往往能为顾客提供优惠的贷款，也可帮助撤销以前的信贷；

（5）如果经纪人素质高，还可参与客户的财务规划，帮助客户使其有限的资金起到最大的效益；

（6）提供市场分析，充当投资顾问；

（7）承揽室内设计等其他业务。

台湾的中介公司大多以"公开、公正、公平"为其经营观念，并以加速成交速度为其目标，尤其是资金雄厚的大型公司，在经营管理上更有着以下一些特点：

（1）重视公司的形象及识别系统，他们通过运用各种广告，发行各类刊物，举办演讲并提供许多专业服务，以获取消费者的依赖和好感。

（2）建立健全的组织机构和管理制度，以实施完善的内部管理。

（3）重视对其员工的专业培训，以提高其专业服务的能力与品质。

（4）加强与各方面的联系，尤其是注重搞好与银行及地区邻里的关系，以便于业务的开展。

在经纪运作方面，中介公司与顾客以签订的契约为据建立委托代理关系，并依契约的有关条款开展业务。契约的形式有两种，一为专任委托契约，即卖方仅授权一家中介公司独家代售其物业；另一为一般委托契约，即卖方可同时委托多家中介公司代为销售其物业。中介公司皆希望与卖方签订专任委托契约，以更好地保障自己的权益。

而在佣金的收取方面，目前台湾的收费形式主要可以归纳为：固定费率，不赚超价；固定费率，超价卖方与业者对分；不收佣金，完全赚取超价；固定费率，超价归业者等四种。但目前业者及顾客在观念上均趋向于固定费率且不赚取价差的方式，以减少纠纷。

台湾重视对经纪行业的管理，在民国73年3月（1984年3月）正式决定将房地产中介业务归由地政司负责主管。地政司于1988年3月首次提出"房地产中介业管理条例草案"，旨在规范房地产中介行为。该草案经过专案小组的反复讨论，目前已获得一致的意见主要包括：

（1）中介业须设置营业保证金，并经主管机关的许可始可设立。

（2）中介人员包括中介经理及中介教导员二级，必须通过学历、经历与讲习测验取得执照才可执业。

（3）中介服务费用的收取方式意见分歧，但不得赚取差价已有共识。

至于其他有关中介执业规范及惩处，尚未深入讨论获得结论。

除了设立专门的管理机构对中介行业进行管理之外，在民国77年5月（1988年5月）台北中介业同业公会也正式成立，旨在加强对同业的约束和管理，使房地产经纪活动逐步走向正轨。

思 考 题

1. 试述房地产经纪人的含义及其法律特征。
2. 房地产经纪人的业务范围包括哪些内容？
3. 房地产经纪人开展经纪活动时有何权利和义务？
4. 房地产经纪人在房地产市场中的作用是什么？

第二章 房地产经纪机构

1994年7月5日第八届全国人民代表大会常务委员会第八次会议通过的《中华人民共和国城市房地产管理法》中第五节中介服务机构第五十六条有这样的说明:"房地产中介服务机构包括房地产咨询机构、房地产价格评估机构、房地产经纪机构等。"鉴于本教材的中心议题是房地产经纪人与管理,故本章仅着重讨论房地产经纪机构的有关问题。

第一节 房地产经纪机构的设立

一、房地产经纪机构的含义

所谓房地产经纪机构,是指按照国家法律和有关规定成立的,在房地产业经济运行的各环节中为生产企业或经销企业以及社会各阶层人士提供居间介绍、交易代理、咨询顾问以及其他相应服务的组织。目前,社会上对于房地产经纪机构有着诸多的称谓,如:房地产中介服务公司、置业服务中心、房地产投资顾问有限公司、咨询代理有限公司等等。这些公司或机构均是依法定的程序设立,为社会提供代理销售、代理出租、代理广告、代理咨询、代理议价、订价、代理筹资、代理签订合同等广泛的服务,并获取盈利,进行自主经营,独立核算的具有法人资格的基本经济单位。

房地产经纪机构也可被称之为房地产代理经营企业,它实质上也属于房地产经营企业的范畴,房地产经营企业一般包括:有一定自销能力的房地产建设开发企业;专门从事房地产经销业务的商业性公司;以经营房屋出租为主的房地产经租企业;以及房地产经纪机构即房地产代理经营企业等。这各类的企业是同属于房屋流通领域的企业。但房地产经纪机构与前三类企业有所不同,前三类企业具有直接性经营的性质,它们直接拥有房地产产品或商品,并通过对这些商品的直接经营(开发、出售或出租),获取丰厚利润。所以它们一般都具有一定的规模,拥有先进的技术装备、雄厚的资金以及一定数量的素质良好的员工队伍。而房地产经纪机构只是属于间接性经营的企业,它们接受前三类房地产企业或社会上其他单位和个人的委托,以第三者的身份,参与房地产经济运行中的投资、开发、融资、租赁、买卖、管理、消费及税收等各个环节,为委托人提供各种便利服务,并据以收取一定的佣金。它们不直接拥有产品,也不直接从事开发或经营,因而房地产中介机构的规模一般相对较小。

二、房地产经纪机构的设立条件

以往,我国允许个人从事房地产中介业务,但通过对过去的经验教训的总结,目前大多数人趋向于认为,从事房地产中介业务的,应该是一定的组织。因为个人从事房地产中介服务有着诸多的弊病,例如:个人从事中介活动时,若欺骗房地产交易双方,将会使房地产权利人的利益无法保障，在房地产权利人的利益受损时个人也无力承担赔偿责任；个人从事中介活动，不利于房地产交易行为的规范化，无法保证国家实施必要的监督管理，不利于国家的税收征收。在现实生活中已经出现了大量由于个人充当中介人而引起的房地产交易纠纷，在一定程度上扰乱了房地产交易市场的正常秩序。因此，在法制健全的情况下，承办房地产中介业务的主体，应该是一定的组织，即依法定程序设立的机构。

根据《中华人民共和国城市房地产管理法》第五十七条、《城市房地产中介服务管理规定》第十二条的规定，设立房地产中介服务机构应当具备下列条件：

(1) 有自己的名称和组织机构。中介机构作为独立的法人，一般情况下只可使用一个唯一的名称，且该名称必须在设立登记时由工商行政主管部门核准。中介机构还必须有一定的组织形式，即有科学完善的管理体制、有经营宗旨明确的组织章程、以及有健全的财务制度等，严禁"皮包公司"从事房地产中介活动。

(2) 有固定的服务场所。该固定场所是服务机构开展业务的地方，中介机构在申请设立时，必须提供拥有该固定场所的使用权或所有权的合法证明，同时该固定场所应该是永久建筑而非临时建筑。流动性地开展房地产中介活动是绝不被允许的。

(3) 有必要的财产和经费。一定的财产和经费是保证中介机构依法开展中介活动的必要条件，同时也反映着中介机构的经济实力，它在一定程度上保障了房地产权利人在由于中介机构的原因而造成经济损失时，能得到合法合理的赔偿。目前，国家对于中介机构应拥有的财产和经费的具体数额尚未作出明确的规定，而各地则根据具体的情况订出相应的标准，如上海规定，申请成立房地产经纪组织的，必须有10万元以上人民币资金，广州则规定私营企业必须有8万元以上、集体企业必须有30万元以上的注册资金。

(4) 有足够数量的专业人员。这一条款在某些地方法规中已得到体现，如《上海房地产经纪人管理暂行规定》中注明，申请成立房地产经纪人组织的，应有5名以上取得《上海市房地产经纪人员资格证》的人员，在《广东省房地产经纪管理暂行办法》中也有规定，成立房地产经纪机构，应有3名以上持有经纪人证的专业经纪人。这一条款将有利于提高经纪机构所提供服务的质量和水平，并在一定程度上减少经纪纠纷。

(5) 法律、行政法规规定的其他条件。

对于采取有限责任公司或股份有限公司形式的经纪机构，还应该符合《中华人民共和国公司法》的有关规定。

三、房地产经纪机构的设立程序

根据《城市房地产中介服务管理规定》第十二条及第十三条规定，设立房地产中介服务机构，首先应由当地县级以上房地产管理部门进行资金和人员条件的资质审查，经审查合格后，再行办理工商登记。中介服务机构在领取营业执照后的一个月内，应到登记机关所在地的县级以上人民政府房地产管理部门备案。设立有限责任公司、股份有限公司从事房地产中介业务的，还应当执行《中华人民共和国公司法》的有关规定。

鉴于越来越多的经纪机构采取有限责任公司的形式，此处以房地产中介服务有限公司的设立为例，更具体详细地说明经纪机构的设立程序：

(一) 订立公司章程

公司章程是全体股东同意的关于公司的组织、经营的基本规定，是确定公司权力的文件。公司章程应由全体股东订立、签名盖章。公司章程经全体股东签字后，即对全体股东产生约束力。

公司章程必须包括以下内容：
（1）公司的名称和住所；
（2）公司的经营范围；
（3）公司的注册资本；
（4）股东的姓名及住所；
（5）股东的权利和义务；
（6）股东的出资方式和出资额；
（7）股东转让出资的条件；
（8）分配利润和分担风险的办法；
（9）公司的机构及其生产办法、职权、任期和议事规则；
（10）公司的法定代表人；
（11）公司的解散事由与清算办法；
（12）公司章程的修改程序。

（二）股东按其认缴的出资额缴纳出资

股东在制定公司章程并签名盖章后，应足额缴纳公司章程中规定的各自认缴的出资额。股东全部缴纳出资后，必须经法定的验资机构验资并出具验资报告，以作为下一程序所必备的证明文件。

（三）办理公司的资质审批申请

向房地产主管部门如房地产管理局或房地产经纪管理所提出公司资质审批申请。申请时应提交申请报告、经纪机构章程、企业成立批准文件、法人代表任职文件、房地产经纪人资格证及财务人员的职称证书，以及财政部门或会计师事务所出具的验资证明等有关文件与证明。

房地产主管部门到经纪机构实地进行审查，并对其所提交的证件、文件进行审核。对于符合资质条件的，批复后，由房地产主管部门通知工商行政管理部门。

（四）办理申请公司设立登记

向公司登记机关即工商行政管理部门办理申请设立公司的登记。登记时，应提交公司登记申请书、公司章程、验资证明、公司负责人的身份证明、公司住所和经营场所的使用证明等文件。

公司登记机关对申请公司进行审核，对符合规定条件的，予以登记并发给营业执照。房地产中介服务公司领取营业执照的一个月内，应到当地房地产主管部门备案。

（五）公司成立

房地产中介服务有限公司经公司登记机关审核予以登记，并发给营业执照后，即正式成立。由此，公司可以开始营业，依法开展经济活动。

第二节　房地产经纪机构的管理模式

一、房地产经纪机构的组织结构

组织这个概念既有动态的含义，也有静态的含义。从动态的角度，组织活动过程就是把人、财、物和信息在一定的时间和空间内进行合理有效配合的过程；从静态的角度，组织的含义则是指通过职能分析、结构设计、协调方式设计、管理规范设计等这一系列的活动后，所形成的相对固定的、有效的组织结构。由此可见，一定的组织结构是一系列组织工作的结果，它使得各部门合理划分、工作职务专业化；它建立了职权、指挥系统、控制幅度和集权分权等人与人互相影响的机制；并开发了最有效的协调手段。此处由于篇幅的限制，对于房地产经纪机构的组织的探讨，仅从静态这一较为狭义的角度来进行。

设置一个良好的组织结构，有着重要的意义。因为一个良好的组织，能为组织活动提供明确的指令，使管理意志得以实现，管理行为得以进行；能使内部信息畅通无阻，有助于组织内部纵向的沟通及横向的协调；能使组织内部人员之间更好地分工合作，使组织活动更有秩序性和预见性，从而能更高效、更顺利地完成企业的经营管理目标。

就目前的情况来看，经纪机构一般规模较小，人数大多介乎于3人至100人这一幅度之间，因而，经纪机构的组织结构有着这样的一些特点：

(1) 管理层次小，组织凝聚力强。经纪机构与其它中小规模的企业一样，其最大的长处就是，由于员工人数不多，管理层次较少，使得组织内信息沟通畅顺，上下级之间以及职员之间的思想交流密切，企业的目标能被每一个人理解，使大家能朝着一致的目标共同努力。

(2) 个人的才能能被充分的发挥。与大公司相比，中小规模的经纪机构是以少量的人数来参与市场竞争的，所以它必须注重调动员工的积极性，发挥员工的才能，使每个人能各尽其责，各展其能，使整个组织充满活力。

(3) 外部组织比内部组织更需得到重视。经纪机构由于规模较小，所以必须重视加强与外部的联系，如与其它的机构或公司组成联盟或形成较固定的协作关系，建立四通八达的信息网络系统等，以提高自身的竞争能力。

10人以下的经纪机构，一般不存在组织结构的问题，其领导者对员工的指挥是直接而明了的，而在10人到100人的经纪机构里，最高决策者与一般员工之间就会存在着一层或两层的管理层，此时，组织的问题就开始出现了。纵观现时的经纪机构，其内部组织形式不外乎有以下几种：

(1) 职能组织。即机构内部设置了各种专业性的职能部门，如财务科、人事科、计划统计科、公共关系科，它们成为决策者的参谋或助手。与此同时，各级领导者都有向下级发号施令的权力，下级必须绝对服从上级的指令（如图2-1）。

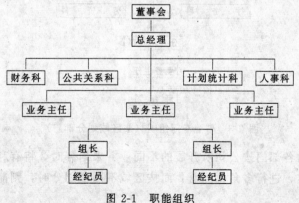

图 2-1 职能组织

这种组织的职能性分工使各部门的专业性增强，但同时专业性的增强也会妨碍各科的信息沟通。在经纪机构内对各相对独立的职能实施统一的管理是非常重要的。

(2) 事业专门组织。这种组织形式在开展多元化经营或规模稍大的经纪机构中会被使用，此时，经纪机构内部会按所经营的各种事业或按区域来划分部门，公司总部把财务、人事、经营等权力下放到各事业部，真正做到权力下放，分散经营。在这种组织形式下，各个事业部或分公司一般规模都很小，精简干练，而所有事业部合起来的话，又可以成为一个中型甚至大型的但充满活力的企业，使整个经纪机构的经营运作取得较好的绩效（如图2-2及2-3）。

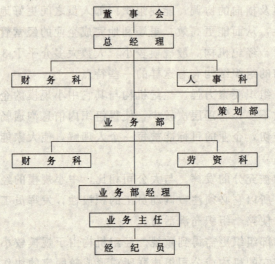

图 2-2　事业专门组织（按事业划分部门）

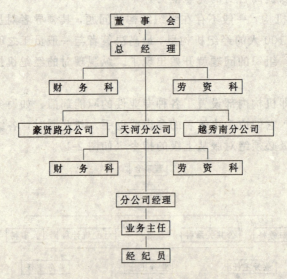

图 2-3　事业专门组织（按区域划分部门）

事业专门组织的各部门按公司所开展的不同业务来划分时，将有利于房地产经纪机构去拓展新的业务内容，进行多角化经营，而按区域不同来划分时，则能扩大公司的经营领域。

(3) 项目专门组织。这是房地产经纪机构为某个特定的目的或项目而设置的临时组织，当目的达到或项目完成之后，该组织就会被解散。比如，公司接获到某一较大型楼盘的独家销售代理权时，为了更好地在一定的时间内取得较好的业绩，公司总部可能会从各部门临时抽调一些人员，组成一专门的机构，专职开展这一楼盘的推介工作。该组织在临时的组织负责人的领导下，各人员将各施其责，按步就班地开展如公关宣传、销售策划、广告推介、接受咨询、接洽买家、展示资料、带人参观楼盘、办理成交手续及有关产权登记手续等各项工作。项目专门组织的成员既可是专职的，也可是兼职的，若是兼职的话，则应注意其与日常业务的冲突，若是专职的话，当项目完成组织解散时，成员们可返回到原职位上或被重新安排新的工作。

如前所述，房地产经纪机构除需设置良好的内部组织外，加强与外部的联系也是至关重要的。尤其是规模较小的经纪公司，其自身的财力、人力资源有限，在经营中常处于不利地位，而经纪公司通过与外界的合作，则可避免因资源有限所造成的损失，更好地保护自己，在市场竞争中变不利为有利。房地产经纪机构的外部组织形式通常有如下几种：

(1) 连锁经营组织。一般由某一较大的房地产中介机构发起，由若干零星的经纪公司自愿加盟而组成。所有加盟的公司或分店都必须共同使用同一品牌，并由总公司或母公司负责情报的集中与传递，包括经营技术的开发指导；从业人员的教育训练；确保金融渠道的流畅；以及提供各种的资讯等等。各加盟的公司仍保持其独立的地位，只是需向公司总部交纳一定的商标使用费及业务指导费。如台湾地区的住商仲介联盟，即是采用这一组织形式进行经营运作（如图 2-4）。

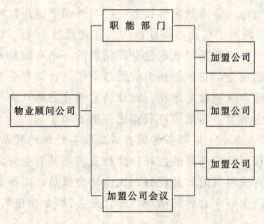

图 2-4 连锁经营组织

参与连锁经营的房地产经纪机构，大都实行"责任商圈制度"，即每一加盟公司都有自己的固定商圈即营业范围，它们在自己的责任区域内开展业务，达到在为该区居民提供服务的同时，也实现自身的经营目标的最终目的。

(2) 企业集团组织。企业集团是由众多具有内在经济技术联系的独立法人（企事业单位），在共同的利益目标下，按专业化、协作化、联合化、集中化的原则，以某一支柱产业为核心，在自愿互利的基础上，按一定的形式联结成的具有生产、经营、开发、服务等多种功能的复杂经济联合组织。目前，在房地产行业内，也有一定数目的房地产经纪机构，以各种的形式成为以某一资金雄厚的房地产开发企业为核心的企业集团的一员。现时比较多见的是，房地产经纪机构是作为一房地产开发企业的全资子公司存在于企业集团组织内的。譬如，广州市兴业房地产代理中介公司，就是广州市城市建设开发总公司的全资子公司。到现时为止，广州市城市建设开发总公司，一共拥有行业配套完善的8家全资子公司，包括：宏城发展股份有限公司、兴业房地产代理中介公司、房地产设计院、房地产开发建设监理公司、建设开发物业公司、装修公司、白马商业服务公司和振城经营公司；20家中外合作（合资）企业；10家内联参股企业，组成了以房地产业为主，带动多种经营的企业集团组织，兴业房地产代理中介公司正是这一集团的成员之一。

值得注意的是，在这种情况下，虽然房地产经纪机构是由作为母公司的房地产开发企业出资创办，但它同母公司在法律上是平等的，它具有法人资格，有自己的名称、章程和财产，它独立核算、自主经营、自负盈亏。它同母公司的关系不是行政隶属关系，一切经济活动往来都是经济与法律关系；资金调动是债权债务关系；人事安排也须按法定程序和章程办理。

房地产经纪机构加入企业集团，有一个最大的好处就是，当企业集团内部的各种关系能被正确处理好时，企业集团就能发挥联合优势的作用，产生巨大的整体效益，而房地产经纪机构作为企业集团组织的其中一个成员，其经营能力、竞争能力和应变能力当然也能得到大大的加强。

（3）信息网络系统。值得一提的是，在信息飞速膨胀的今天，以最快的速度掌握最新、最有用的信息，对中介机构来说，是至关重要的。所以，我们也应将"信息网络"作为房地产经纪机构的一个有效的系统来加以考虑。可与全国各地乃至世界各地通话的电话，可把文章及图象立即传送到每一角落的电传设备，可与外部数据库联网的能为公司带来有价值的信息的微机系统，已成为了房地产经纪机构的新式武器。与此同时，加入同业协会，也是房地产经纪机构加强与外部联系，获取更全面信息的一条有效途径，因为房地产中介协会本身就负有信息中心的任务，它积极地为成员收集信息、储存信息，并通过组织成员参加房地产交易沙龙、房地产展销会等活动，以及通过建立房地产交易中心等方式，向外辐射信息。因此，作为协会成员，当然可以获得更多的方便了。

总之，规模不大的经纪机构，应以各种的方式加强与外部的联系，与同行组成同盟，进行连锁式经营，以达到相互扶持的目的也好；跨行业的与其它企业之间组成有机的纵向或横向的联合，以获取复合式经营的效益也好；成为协会成员，以得到更多的方便也好，借助于外界的力量，只会产生一个必然的结局，那就是："事半功倍"。

二、房地产经纪机构的管理制度

房地产经纪机构的管理制度，是指房地产经纪机构在经营管理活动过程中，所形成的对各种特定经营管理行为方式和关系进行约束和调整的行为规则。房地产经纪机构的管理制度就其内容来说是繁杂的，它实际上是一个由许多子系统和因素构成的多层次、多元化系统。该系统的优劣和整体效能的高低，取决于它与外部环境的协调以及它自身一体化的程度。所以作为房地产经纪机构的管理者，应该从公司整体经营与外部环境的协调着眼，以公司的目的、目标、战略为基础和依据，综合考虑各种因素之间的相互关系，将各方面、各层次的制度进行一体化设计，以制定出一整套相互协调、整体优化的制度。

就目前来讲，房地产经纪机构的管理制度一般包括以下几个方面的内容：

（1）具有正确的经营思想和能适应房地产经纪机构内外环境变化，推动机构发展的经营战略。房地产经纪机构所处的经营环境复杂多变，制定经营战略，强化战略管理，是房地产经纪机构在市场中立于不败之地的重要保证。与此同时，由于正确的经营思想是优化战略的先导，因此，房地产经纪机构还必须树立服务质量第一的观念、市场观念、竞争观念、信息观念、人才观念以及法制观念等等。

（2）适应现代化管理要求的领导制度。即对房地产经纪机构内部领导权的归属、划分和如何行使等作出具体详细的规定。建立完善的企业领导制度，是搞好企业管理的一项最根本的工作。房地产经纪机构所建立的领导制度同样应该体现领导专家化、领导集团化和领导民主化的管理原则。

（3）符合房地产经纪机构特点、保证经营活动高效率运行的组织机构及相应的管理制度。即以相应的规章制度固定房地产经纪机构的内部组织架构，明确有关部门及岗位人员的职能以及业务运作的程序和守则。

（4）以竞争与激励、公开与民主为原则的人事管理制度。具体包括员工招聘与培训计划、员工考核与奖励制度、员工薪酬制度等。

（5）财务管理制度。包括会计核算制度、利润分配制度、财产物资管理制度等等。

思 考 题

1. 设立房地产中介服务机构应当具备哪些条件？
2. 试述房地产经纪机构的设立程序。
3. 目前我国房地产经纪机构的内部组织形式和外部组织形式主要有哪几种类型？
4. 房地产经纪机构的管理制度应包括哪几个方面的内容？

第三章 房产交易经纪实务

第一节 房地产市场概述

一、房地产市场的含义

房地产市场是房屋和土地的一切商品关系的总和。这是从广义的角度对房地产市场含义的表述。在现实生活中，人们通常将市场看成是商品交换的空间场所，但这只是对市场内涵的狭义理解。在商品经济较为发达的社会中，狭义的"空间场所"的概念并不能充分概括一切的市场活动，更何况在房地产市场中，所流通的产品由于具有转移价值大、位置固定等特点，是根本不能集中到某一固定的场所去交换的。其交换活动的完成，必需依赖于发展商、代理商、金融信用、广告信息以及消费者等多方的参与。因此，随着市场的发展，更多的人们已懂得从广义的角度去理解房地产市场的含义。

二、房地产市场体系

房地产市场包括土地市场、房产市场和综合服务市场。这些市场本身又分别由若干子市场组成，它们共同组成一个完整的房地产市场体系。

（一）土地市场

我国实行土地的社会主义公有制，土地归国家或集体所有，故土地所有权不允许进入市场流通，在我国土地市场上流通的仅仅是城市土地的使用权、租赁权和抵押权。

1. 土地一级市场

广义的一级土地市场包括集体土地所有权的变更市场和国家将土地使用权出让给土地使用者而形成的市场。土地一级市场由国家实行垄断经营，允许进入一级市场的土地经营者只能是由政府授权的、代表国家的地产机构。一级土地市场的经营业务主要有：（1）征收土地及土地所有权在集体之间的转移，即国家根据建设需要将农村集体土地征为国家所有以实现土地所有权的转移，或随着生产力发展，发生于集体组织之间的土地所有权的转移。（2）土地使用权出让，即国家以土地所有者的身份将土地使用权在一定期限内有偿地让与土地使用者。土地使用者向国家支付土地使用权出让金之后，获得土地使用权，该使用权是一种特殊意义的权利，它包括占有、使用、收益和不完全处分土地的权利。

2. 土地二级市场

即土地使用权在土地使用者之间横向转移的市场。广义的土地二级市场包括土地使用权的转让、土地使用权的出租以及土地使用权的抵押。（1）土地使用权转让，这是指土地使用者将土地使用权再转移的行为，包括出售、交换和赠与。（2）土地使用权出租，指土地使用者作为出租人将土地使用权随同地上建筑物、其他附着物租赁给承租人使用，由承租人向出租人支付租金的行为。注意上述两种情况的不同，在第一种情况下，原用地户脱离了与土地的关系,他与土地管理部门建立的土地使用权出让合同所规定的权利和义务也由新的受让方承受。第二种情况,原用地户保留与国家的承租关系。(3)土地使用权抵押,即土地使用者以土地使用权向银行抵押,取得贷款的行为。土地使用权抵押时,其地上建筑物、其他附着物随之抵押,地上建筑物、其他附着物抵押时,其使用范围内的土地使用权也要随之抵押。

(二)房产市场

房产交易是房产市场的主要内容。房产是一种特殊的商品,其特点在于:它是土地的定着物,是不动产;它的价值很高;它的消费时间很长。正因为这一原因,使房产交易相对于一般的商品交易,有着如下的特点:(1)进行交易的房产不能转移,而只能是权属的转移,即变换房产的所有权。所以房产市场上流动的只是房产的权益,而并非房产实体。(2)房产交易的价款可以分期支付,比一般市场交易支付的期限要长。(3)交易是附一定的条件的,如在一般情况下,无合法产权证书、违章建筑、有产权纠纷等,都不能交易。房产交易行为一般有以下几种:

1. 房产买卖

指一方将房产交付对方所有,对方接受此项财产并支付约定价款的行为。房屋买卖是为转移房产所有权而进行的行为,出卖人因此丧失了被出卖房屋的所有权,买受人也就相应地获得了该房屋的所有权。当然,这种房屋产权的转移,必须在买卖双方当事人到当地房管部门办理完产权登记手续之后,才真正完成。房产买卖可细分为新屋买卖(我国常特指商品房现楼买卖)、旧屋买卖(常特指私房的二手买卖)和预售房屋买卖(即商品房楼花买卖)。

2. 房产租赁

指房屋所有人将自己的房屋提供给他人使用,并收取一定租金的行为。房屋租赁关系中的双方当事人分别为出租人和承租人,出租人是在房屋租赁中,提供房屋给他方使用的一方,承租人是使用房屋并交付租金的一方。注意在租赁这种房屋交易行为中,出租人只是转让出租房屋的占有权和使用权,而不转让所有权。出租房屋时,当事人之间必须签订房屋租赁协议,以规定双方当事人的权利义务关系。在我国,房屋租赁有两种的形式,一为国家或集体作为房屋出租人将房屋提供给承租人使用的,称之为公房出租;另一为公民个人将自己的房屋出租给承租人使用的,称之为私房出租。

3. 房屋调换

指房屋所有人或使用人出于各自的需要,而发生互换房屋的行为。房屋调换的方式包括产权调换和使用权调换两种。房屋产权调换,是指房屋所有人之间发生相互交换所有权的行为。这实际上是一种房屋交易行为,只是这种交易是直接利用房与房进行的,类似于商品交易中的货易货。房屋产权调换时,双方必须办理产权变更登记手续。房屋使用权调换是指房屋使用人利用已承租的房屋,根据各自在使用上的需求,本着自愿和互利的原则,进行房屋使用权的互换,以解决居住拥挤、上下班路途遥远等生活上的困难。

4. 房产抵押

指抵押人向抵押权人提供不能转移占有的房产,作为偿还债务担保的一种信用行为。其实质是为债权关系提供物质保证,维护债权人财产的合法性和有效性。用房产设定抵押权一般有两种情况:一是将房产用于债务抵押,即房产所有者参与社会经济活动,为了建立和维护同其他自然人或法人的债权债务关系，用房产作为抵押来担保；二是将房产用于信贷抵押，即房产所有者资金周转困难，为取得金融机构的信用支持，用房产作为抵押物来担保，从金融机构获得贷款。对于被抵押的房产，抵押人可以继续占有使用，当抵押房产所担保的债务由于清偿而消灭时，抵押权也随即消灭，只有在债务不能履行时，抵押权人才能行使对抵押房产的处理权。

房产市场和地产市场虽各具独立的内容，但有着密不可分的联系，主要表现有：在实物上，房屋与承载它的土地不可能分开，房屋不能成为空中楼阁；在权属上，土地使用权往往依附着该地上房屋的所有权，土地使用权伴随着房屋所有权的转移而转移；在价格上，土地使用权转让的价格往往被包含在房屋价格之中。

（三）房地产综合服务市场

房地产市场牵涉到许多相关行业，有些行业与房地产经营密不可分，有些则是专为房地产经营服务的。例如房地产中介服务、技术市场、金融服务等等，形成房地产的综合服务市场。

以上对房地产市场体系的探讨，是从进入房地产市场的商品形态及交易方式的角度来进行的。实际上，房地产市场也可按行业来划分，此时，房地产市场就被细分成四个子市场——土地投资市场、物业开发市场、建筑施工市场和房产市场，形成房地产市场的行业结构（如图3-1）。

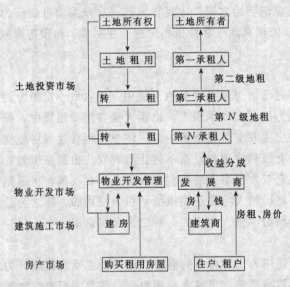

图 3-1 房地产市场的行业结构

三、房地产市场的特性

房地产市场作为市场体系中的一个专门市场，具有一般市场的特点。包括：（1）市场是沟通商品生产和消费的桥梁，是实现和评定商品使用价值和价值的场所；（2）市场在一定时间与空间内，集中着一种或多种可供交易的商品和劳务；（3）市场活动的中心是商品买卖；（4）市场是人们之间经济关系的实现形式。房地产市场除具有上述一般市场的共有特性外，还有其自身的特点：

1. 房地产市场的统一性

房与地是矛盾的统一，是综合的概念。在权属上，土地使用权和房屋所有权相互关联；在房地产交易中，房价和地价交叉影响；而房地产的形成，更是土地综合开发与配套建设的结果，其价值特性，反映出房地产的综合利用，体现了发展上的相互依赖。只有在统一运行的房地产市场上，房产和地产才能形成优势，产生最佳综合效益。

2. 商品的固定性

房地产商品是不动产，它们的位置是固定的，不可移动，房地产商品发生交换时，移动的仅是所有权或使用权等权属关系，房地产商品本身的空间位置则是固定不变的。

3. 流通方式多样化

除房地产买卖外，在房地产市场中，租赁、分割转让、期货交易、易货交易、拍卖、招标、协议成交、抵押等交易行为也很普遍。这种流通方式的多样化是房地产市场独有的，在其他任何商品市场都不存在。

4. 房地产市场的层次性和差别性

目前在我国，房地产市场就在几个不同的层次：一为商品房市场，对于这个市场，国家采取全开放政策，由价值规律和供求关系进行调节；二为微利房市场，对于这个市场，国家采取计划调节和市场调节相结合的政策，即政府提供优惠条件，企业微利经营，推进普通收入家庭实现"居者有其屋"；三是解困房市场，对于这个市场，政府采取一定的补贴政策，但享受这种补贴的对象既有明确的条件，又有种种的限制。由此可见，在不同层次的市场中，市场功能和机制的作用范围的程度是不同的。

5. 地产市场实际上是由政府控制的垄断市场

在实行土地公有制的国家和地区，所谓的地产买卖，只是一定期限使用权的买卖，而不是所有权的买卖。由于土地的最终产权始终掌握在代表国家的各级政府手中，而且采取公开招标、拍卖出去的一定期限的土地使用权，其用途又由城市建设规划所限定，不能任意改变。所以地产市场实际上是由政府控制的垄断市场。

6. 流通与消费的并存性

由于房地产商品价值量大，消费周期长，其价值有的可以一次收回，有的则要分期收回。当其价值分期收回时，房地产的价值就需要较长时间才能完全实现。这样，房地产被消费的过程，也就是其价值逐步实现的过程。这种流通与消费的并存性，也是其他商品交易市场所没有的。

7. 资金积累上的初始性

在一般市场上，只有将制造好的商品卖出去，才能将生产和经营商品的资金收回来，形成资本积累。而房地产市场，可以通过预售的方式，在房地产商品生产初期，就可以获得用以征地、开发、建设、经营房地产的资金。这就是房地产资金积累上的初始性，也是房地产市场在筹集资金上的极大优势。

8. 法律上的严肃性

由于房地产是高价商品，是具有延续使用价值的不动产，又极易发生邻里纠纷和财产保护问题，房地产的权属转移必须按法定的程序履行各项手续，除房地产当事人的变更外，还有相关的权利、义务、责任和利益等经济关系的转移行为。这需要有比一般商品更加严密的法律规定。

四、房地产市场的运行方式

房地产市场与其他市场一样，它的运行必须具备三个要素，即人、购买对象和购买力。人即供方和需方，购买对象也就是可供购买之物，购买力就是对商品有支付能力的需求。只有当人与购买对象、购买力结合在一起的时候，市场才得以正常运行。房地产市场的主体是房地产企业和消费者，其运行方式主要有如下几种：

(1) 房地产企业 $<\frac{住房}{资金}>$ 消费者

在这情况下，房地产企业与消费者直接发生关系，不通过任何中间组织，类似于自产自销。企业为个人提供出售或出租住宅，个人支出资金直接给企业，可以是一次付款，也可以是分期付款。

(2) 房地产企业 $<\frac{住房}{资金}>$ 房地产经纪机构 $<\frac{住房}{资金}>$ 消费者

在这种情况下，房地产企业和消费者之间多了一个中间的流通环节——房地产经纪机构或房地产经纪人，房地产企业通过经纪人将他们的产品推介给消费者，房地产经纪人为房地产企业和消费者提供优质服务，并收取一定的佣金。

(3) 房地产企业 $<\frac{住房}{资金}>$ 房地产经销商 $<\frac{住房}{资金}>$ 消费者

这种情况与第2种情况有一个共同点，就是在房地产企业与消费者之间都多了一个中间环节。但经销商与经纪人不同，经纪人是不占有产品的，他只负责将房地产商品介绍给消费者，并促成交易。房地产经销则是以经营为目的，购买开发商的房地产，然后再销售给消费者的行为。在深圳，房地产的包销行为已成为合法，房地产包销商只要经过主管机关的核准，便可从事房地产的经销业务。

(4) 房地产企业 $<\frac{住房}{资金}>$ 国家 $<\frac{住房}{资金}>$ 消费者

在这种情况下，房地产企业将自己的产品提供给国家和政府，再由政府直接分配给消费者。考虑到低收入职工对住宅的需求，国家可将公有住宅以低价分配给消费者。

随着房地产市场的不断完善和发展，以上四种的市场运行方式中，第二种运行方式将占有愈来愈重要的地位，房地产经纪人在沟通交易双方，传达信息，提供服务方面，发挥着重要的作用。事实上，房地产经纪人并不仅仅在房地产企业和消费者之间发挥媒介的作用，他的活动渗透在房地产市场结构的每一环节中，向着更深的层次发展。

我们可通过对房地产市场的行业结构来了解房地产经纪人的活动，在房地产市场的每一个子市场中，都不难发现经纪人活动的踪影。在土地投资市场，土地使用权的每一次转让，经纪人都可介入，为土地的供需双方提供信息、牵线搭桥，促成交易。这种经纪活动可被称之为土地交易经纪；在物业开发市场，房地产经纪人主要的任务是，为开发商进行投资项目策划、投资可行性分析等，此类活动可被称之为投资顾问经纪；在建筑施工市场，房地产经纪人所要做的，主要包括为开发商代为选择承建商、代理招标投标等事项，此即工程承包经纪；最后，在房产市场上，经纪人的作用，主要就是如前所述的，在房地产企业和消费者之间发挥媒介作用，我们将这一活动称之为房产交易经纪。

我们将房地产经纪活动粗略地分为以上几种，主要是为了便于今后课题的展开，从本章开始，我们将逐一介绍各类房地产经纪实务的运作方式。

五、房产市场管理

为使房地产市场中的各种交易行为规范化和合法化,国家授权各地房地产行政管理机关对房地产市场实行统一的管理。房地产市场管理由土地市场管理与房产市场管理两大系统组成。鉴于本章的课题,此处只讨论房产市场的管理,而将土地市场的管理暂缓至第四章再作论述。

(一) 房产市场管理的内容

房产市场管理包括以下三个方面的内容:

1. 价格管理

即对房屋买卖、租赁、交换等的成交价格实行调控、管理和监督的活动。管理部门通过制定房产价格标准、评估房产价格、审批房产成交价格以及查处违法行为等手续进行管理;并通过建立房产交易的明码标价制度及成交价格申报制度等实施监督与控制。价格管理的法律依据是《城市房产交易价格管理暂行办法》,该法规由国家计委于1994年11月发布,并于次年开始实施。

2. 交易管理

是指对房产的各项交易行为实行审核、监督与管理的活动,其核心是确认房地产交易行为的合法性,并通过交易合同监证备案使交易行为有效成立。

3. 权属管理

是指房地产权属的确认、登记、发证等一系列的管理工作,其核心是确认房地产权利人取得、转移或变更、消灭房地产权利的有效性,并颁发房地产权利证书。

交易管理与权属管理是房产市场管理两个最重要的环节,这两者各有不同的侧重点,以房屋转让为例,交易管理的侧重点是审查标的物的合法性及交易合同的公正性,而权属管理的侧重点是以有效的交易合同为依据,办理权属的确认。

(二) 房产市场管理机构

参与价格管理的部门包括计委、物价局、房地产管理局、城建管理部门、工商、税务、审计等部门。

实施交易管理和权属管理的部门是房地产交易所。房地产交易所是房地产管理局下属的行政事业单位,受主管部门的委托,负责管理房地产交易事宜。其职能是对房地产交易市场进行指导、监督、调控、管理、服务,包括贯彻执行有关的房地产交易管理政策,为房地产交易提供有关的法律政策咨询,指导房地产交易活动;办理辖地房地产交易登记、监证及权属转移手续;查处违法行为,取缔非法经营;提供各种服务;调节房地产市场价格,进行房地产价格的管理和监督。

有的城市,将交易管理所内部的几项主要职能——交易管理职能、权属登记管理职能以及服务职能划分开来,分别成立房地产交易管理所(专门负责房产交易的审核、监证、监督管理工作)、房地产产权登记所(专门负责房地产权属转移登记工作)及房地产交易市场(专门为房地产交易提供场地、信息、价格评估等各项服务),各个机构各施其责,共同参与房产市场的管理。

第二节 房产买卖经纪实务

房地产经纪人在开展经纪业务时,一旦接受了委托人的委托,经纪委托关系便产生。在房地产的买卖过程中,经纪人既可接受买方的委托,协助他选择合适的房屋;也可接受卖方委托,帮助他将房屋销售。在我国目前房源充裕、房源信息易得的环境下,房产购买者委托经纪人代办购房事宜的情况并不多见,更常见的是房产出售者委托经纪人处理其房产出售的有关事宜。房产出售者包括有私房业主及房地产开发商。无论经纪人是受私房业主还是受开发商之委托,其处理房屋销售的经纪运作程序都不外乎是由以下几个步骤所组成:洽谈委托——宣传促销——达成交易——办理产权登记手续——收取佣金。

一、洽谈委托

这一环节包括三项的工作内容,即接受或寻求委托、审查委托人和委托标的物以及与委托者签订委托合同。

(一)接受和寻求委托

接受委托,是经纪人开展工作的第一步,房地产经纪人除可被动地坐在办公室内等待客户上门委托之外,还可主动地外出寻求委托。然而无论是主动寻求委托还是被动地等待委托,经纪人在受委托之前,都无一例外的要接受委托人的选择。对于客户来说,他通常会从以下几个方面来选择经纪公司或经纪人:(1)经纪公司是否已登记注册,拥有营业执照,经纪人是否已取得合法的资格;(2)经纪公司的规模,包括经纪公司的资金是否雄厚,是否拥有各类优秀的专业人才等;(3)经纪公司的经验和能力;(4)经纪公司的信誉、服务质量以及收费标准。由此可见,经纪公司必须从加强自身的内部管理,培养专业人才着手,同时注意不断积累经验,提高服务水平和处理各种复杂事务的能力,以树立自己良好的声誉。要知道,一个素质高的、美誉远播的经纪公司,必能得到越来越多的客户的认同。此外,经纪公司还应充分利用各种信息资源,善于运用各种关系,随时随地注意经纪业务线索,积极开拓服务领域,使自己的业务来源更加宽广。

(二)审查委托人

房地产经纪人并非来者不拒地接受一切的委托业务。他必须慎选委托者,拒绝受理违反国家法律政策的委托事项,谨防签订因委托人主体不合格或因委托事项不合法而引致无效的委托合同,以保护自己及消费者的权益。

对于作为私房业主的委托人所进行的审查,一般较为简单,经纪人只需了解他的身份是国内居民、港澳同胞、还是外国华侨,并验证其身份证即可。若委托人是房地产开发商,经纪人就应从以下几个方面对其进行审查:

(1)对法人资格的审查。可通过查验开发商的《营业执照》来确定委托者是否具有法人资格,只有具有法人资格的企业,才可承担签约责任,才是合法的委托人。

(2)对具体经办人法人能力的审查。经济合同须由法人的法定代表人或法定代表人授权的承办人签订,如果开发商的法人代表授权某一代理人与经纪公司签订合同时,经纪公司必须查验开发商出具的委托证明及代理人的身份证明,委托证明必须注明代理人的姓名、委托代理的范围、代理人的权限、有效代理时间及委托日期等,并有委托单位和法人代表的签名盖章。有合法的委托证明，才能保证经办人的法人能力的可靠性。

（3）对委托人的经营能力和经营范围的审查。根据建设部发布的《房地产开发企业资质管理规定》，房地产开发企业共分为五个等级，由建设部门根据以下标准进行评定：第一，自有流动资金的数量及注册资金的数量；第二，有职称的各类专业管理人员的数量；第三，从事房地产开发的年限；第四，累计竣工的房屋建筑面积或房地产开发投资数额；第五，工程质量的合格率或优良率，经审批后发给其相应等级的《技术资质证书》。因此，房地产经纪人通过对发展商的《技术资质证书》的查验便可了解其规模以及实力。除此之外，经纪人还应从其他的渠道了解开发商的业绩、信誉，并最好能获得有关能证明开发商财务状况的文件。

经纪人在审核开发商的经营范围时应当注意，商品房销售有内销和外销两种，如果经纪人代理的是外销商品房的经纪业务，则委托者除了应具备房地产开发经营资格，持有营业执照之外，还应出具经批准的外销批文。

经纪人除了不能为未经注册的非法的开发商代理房屋销售业务外，对于实力差、信誉低、经营状况不良的开发商，经纪人在接受其委托前也应慎重考虑。在代理商品房的预售时这一问题尤为重要。因为一个开发商若不讲求信誉，或实力规模有限，或管理不善，或资金周转不灵，都极容易出现在收取预付房款之后，工程搁浅或暂缓，以致房屋不能如期交货的现象。更有甚者，还会出现货不对版、质量不尽人意等恶劣现象，使代理商连带蒙受不利的影响。

（三）审查委托的标的物

该项审查包括两个方面：一是审查委托出售之房屋是否符合交易或转让的条件；二是了解委托出售房屋的基本情况。

房屋能否进入交易市场，国家有相应的法规政策加以明确的限定。对于不同类型的房屋，经纪人应以相关的政策为据严加审核，坚决拒绝受理违反国家政策的房屋交易事项。

1. 城镇私房

城镇私房是指房产所有权属于私人且房屋坐落的地块为城镇房地产管理部门管辖范围之内的房屋。国家政策规定，以下情况之一的私房不能进行交易：

（1）产权未确认或产权有争议的房屋。产权的确认应以国家房地产行政管理机关发出的房地产权利证书为据，对于未依法登记取得权属证书，包括整幢房屋未登记领证和房屋改建、扩建、重建后未办理产权变更登记领证手续的；或存在产权纠纷，如原产权人死亡，继承人对分割房产有异议又未经法院作最后裁决等的房屋，均不能依法出售。

（2）仍有他项权利未清的房屋。他项权利是指房地产抵押、担保、典当关系发生后，为债权人在房屋所有权、土地使用权上设定的有条件的处分或收益、占有、使用权利，包括典当、抵押权。

（3）与他人共有，未经其他共有人书面同意转让的房屋。共有是指房屋由两个或两个以上的人所有，共有人对共有房屋按照约定或者法律规定享有所有权。按照现时的规定，共有房屋必须在能够划分份额或进行产权分割的前提下，其中某一共有人才可出售自己的份额房屋，而且在出售前必须征得房屋其他共有人的书面同意，在同等条件下，其他共有人对该份额房屋具有优先购买权。

（4）违章建筑或作临时使用的房屋。

(5) 经房地产管理部门公告征用拆迁的房屋。
(6) 尚欠国家建房贷款或修缮费、房地产税的房屋。
(7) 司法机关和行政机关依法裁定、决定查封或者以其他形式限制房地产权利的房屋。
(8) 法律、行政法规规定禁止转让的其他情形。

除此之外，有的私房虽不在被绝对禁止进行交易的范围之内，但它在进入交易市场时却受到一定条件的限制。这些私房通常是属有限产权的房屋，所谓有限产权房屋是指房屋所有人拥有的享有完全的占有权、使用权和有限的处分权、收益权的房屋，包括有解困房、公积金廉价房、职工根据房改政策购买的公房等。这类房屋的所有权人因在购买或建造房屋时受政府或企事业单位的补贴，故在对房屋的处分权和收益权上都受到一定的限制。按现时的规定，这些房屋在再出售时都受到如下的限制：购入或入住5年内出售，只能按原购买价售给原产权单位或房地产管理部门或房屋解困机构；5年后可按市场价出售，但必须在原产权单位或房屋解困机构放弃优先购买权之后，方可自由交易，且应将所得增值额的20％交给原产权单位或房屋解困机构。

房地产经纪人在接受业主的委托时，有义务向业主解释有关的交易政策，同时应通过查验业主的房地产权利证书，以及通过向业主了解有关的情况来判断房屋是否符合政策规定的交易条件。当然，房屋能否交易最终仍需由房地产管理机关通过审核而确定，但经纪人在接受委托时对此作初步的选择，可减少所承接的交易个案被房地产管理机关驳回的机率，避免人力物力的浪费。

2. 新建商品房

我国目前所称的商品房，不是泛指所有可以用于交易的房屋，而是特指由房地产开发公司综合开发，建成后出售的住宅、商业用房或其他建筑物。

已建成的商品房第一次进入交易市场的主要条件是，该商品房已取得有效的权属证明文件。该权属证明文件，是房地产管理部门经审查开发公司的征地批文、报建审批资料及竣工验收资料等后确权发出。经纪公司在认真查验了商品房的权属证明书后才受理商品房的销售委托业务，可在更大的程度上减少风险，避免因承接某些土地来源不正当或产权权属未清或质量不合格的房屋的销售代理业务而蒙受不必要的损失。

3. 预售商品房

预售商品房，俗称"楼花"，是指开发商已投入了一定的资金进行开发建设，但尚未建成而预先出售的住宅、商业用房或其他建筑物。

根据我国《城市商品房预售管理办法》的规定，商品房预售实行许可制度，开发企业必须向房地产管理部门办理预售登记，取得《商品房预售许可证》之后，方可进行商品房的预售。房地产行政管理部门主要是从以下几个方面审核开发商是否符合商品房预售条件：

（1）是否已支付全部土地使用权出让金，取得土地使用权证书。

（2）是否已办妥建设项目的投资立项、规划和施工的审批手续，取得《建筑工程规划许可证》和《施工开工许可证》。

（3）除付清地价款外，投入开发建设的资金是否已达到工程预算投资总额的25％（有的地区为20％）。

（4）是否已在当地注册银行开立代收房屋预售款的户口，并与金融机构签订预售款监管协议。

(5) 土地使用权是否未作抵押或已解除抵押关系。

(6) 是否已制定商品房预售方案,该方案应当包括:商品房的位置、建筑面积、交付使用的日期、交付使用后的物业管理等内容,并应附有建设用地平面四至图。

经纪人承接商品房预售的委托事项时,应查验开发商的《商品房预售许可证》,以确认其所代理楼花的土地使用权来源合法,各项施工报建手续完备,工程已投入一定的资金,预收款项能得到监管、专款专用。使自己代理销售的楼花,在确保买家将来能按时收楼,顺利办妥产权登记手续等方面,有了一定程度的保障,以减少日后因开发商楼盘"烂尾"而与买家造成不必要的纷争。

至于对房屋基本情况的审查,其目的在于通过对房屋基本情况的了解,使经纪人对于房屋销售的难易程度、销售价格、完成销售的大致时间、应选择的营销方案以及大约的费用等做到心中有数,使他们在与委托者签订委托合同,议定有关委托期限、委托价格以及佣金等条款时,不致处于被动的状态。该项审查的内容主要包括:了解房屋的一般情况,如坐落地点、朝向、面积、建造年限等;了解房屋的质量情况,如房屋结构、质量等级、内部设施、装修标准等;以及了解房屋的地理环境情况,如交通情况、配套设施、居民情况、发展规模等。

(四)签订委托合同

房地产经纪人一旦与委托者达成协议,便可着手签订经纪委托合同。目前,我国房地产经纪人在从事房产买卖经纪业务时,与委托者所签订的合同主要有三种形式:其一为独家代理合同,根据此合同,委托者所委托的房产买卖事务由指定的某一经纪人独自承担,在协议有限期内,当他完成合约中的委托事项时,委托人向他支付酬劳。但如果委托者能够自己售出房屋,则不需向经纪人支付佣金。其二是一般代理合同,根据此种合同,委托者可与多个经纪人签订房产买卖的委托协议,在协议有限期内,由多个经纪人为其代理房屋的买卖事项,并将佣金支付给最终完成委托事项的经纪人。同样,如果房产业主自行售出房屋,也不需支付佣金给经纪人。其三为独家销售权合同,根据此种合同,在约定期限内,无论房屋的销售是由其他经纪人或业主本人完成,佣金仍由取得独家销售权的经纪人所享有。

房地产经纪人与委托者签订的经纪委托合同,又可被称之为房地产中介合同,它通常包括如下的主要内容:

(1) 委托事项,包括所代理销售房产的有关静态资料、委托业务的要求和标准等;
(2) 委托权限;
(3) 委托期限;
(4) 委托价格及销售付款办法;
(5) 佣金价款及支付方式;
(6) 双方权利和义务;
(7) 违约责任及纠纷的解决方式;
(8) 委托人与受托人的签章。

为了加强对房地产中介合同的管理,防止无效合同的签订,保护当事人的合法权益,房地产中介合同的格式应由房地产行政管理部门统一制定。如近期,广州市房地产经纪人管理所已制定出《广州市房地产中介合同》的规范文本,供房地产经纪机构在开展中介业务时统一使用（请参阅附录1）。

二、宣传促销

为了在委托期限内能顺利地完成委托者所委托的房屋销售事宜，房地产经纪人必须积极地开展宣传促销活动。宣传促销环节是房产买卖经纪运作各环节中最重要的一环，尤其是在经纪人为房地产开发商代理大型楼盘销售时，这一环节更是成败的关键。

进行宣传促销时，关键性的问题在于正确选择最佳的促销方式。可供房地产经纪人选择的促销方式有很多，它们可归纳为两大类：人员促销和非人员促销。非人员促销又有广告、营业推广、公共关系等多种形式，而每一种的形式又可为我们提供多种的选择，譬如广告就有视听广告、印刷广告、实体广告、户外广告、邮寄广告、交通广告等。营业推广又有举办展销会、组织实地参观团等方式。在实际的运用中，经纪人既可选择单一的方式，又可通过对几种方式的优化组合来达到最理想的宣传促销效果。最佳促销方案需遵循一定的原则来加以选择，并需依循一定的途径来加以实施，这是营销策划的一个重要内容，故此处将该部分的内容暂缓到第五章再加以详细的讨论。

三、达成交易

当顾客决定购买某一物业时，经纪人便要联系买家与卖家着手处理以下问题：物业成交价款及付款条件、付款方式的议定；签订房屋买卖合同；收取订金；办理交易监证。除非经纪人得到特别的委托，否则，对于这一系列的事务，经纪人只可从中周旋、从旁协助，而不可直接干预。

（一）议定价格

通常商品房的价格、付款条件及付款方式都是由发展商确定，并在委托合同中委托价格这一条款内加以详细的说明，经纪人只是负责向购买者传递和解释。但如果委托合同中的委托价格只是物业的最低限价，而且委托者赋予经纪人与购房者议价的权利时，则经纪人可在一定的幅度范围内与购房者协商房价，此时经纪人应注意确保物业的最终成交价不低于委托者委托的最低限价，并将最终成交价如实告知委托者。

私房的交易价格，既可由交易双方直接协商议定，也可由售房者委托经纪人代其与购房者议定。双方可参考市场行情，结合实际，议定房产价格；或可通过委托经批准的房地产评估机构，以其评定的价格为基础，议定一个双方都可接受的成交价格。

目前，房屋交易中房款的支付方式有一次性付款、分期付款以及按揭购房等多种形式。一次性付款比较适用于私房交易及商品房的现楼交易，通常是在签约时由买方支付房款的一部分作为订金给卖方，而在办理交易监证时，再将余款结清。分期付款多在销售商品房楼花时采用，款项的支付通常分三个阶段，第一次支付一般是在基础为±0的时候，付款额一般为支付总额的40%左右；第二次支付一般为工程进度至一半的时候，付款额一般为支付总额的40%左右；第三次支付一般为房屋交付使用的时候，付款额一般为支付总额的20%左右。楼宇按揭俗称"供楼"，是一种可缓释购房者一次性支付房价款压力的较特殊的付款方式。购房者在购房时，只需支付房款总价的一至三成，便可获得居住权，其余房款则以房地产产权证书为抵押由银行一次垫付给开发商。以后，购房者逐月向银行偿还本金和利息，待全部还清本息后，才能从银行处领回房地产产权证书。很多时候，售房者都会有若干种付款方式供购房者选择,此时,对于每种方式的具体处理方法,以及选择不同的方式可获得何种优惠等有关问题,经纪人应向购房者详细地解释清楚,并可充当购房者的参谋,根据购房者的财务状况,为购房者选择一种较为有利的付款方式。

(二) 签订房屋买卖合同

房屋买卖契约应使用国家房地产管理机关统一印制的规范文本(请参阅附录2),但双方当事人对合同条款的内容可作增删。房产买卖契约一般应包括以下的条款:

(1) 双方当事人的姓名或者名称、地址;
(2) 房地产权属证明文件名称和编号;
(3) 房地产坐落的位置、面积、四至界线;
(4) 土地宗地号、土地使用权的性质、年限;
(5) 房地产的用途;
(6) 买卖价款及支付方式和时间;
(7) 房地产交付使用的时间;
(8) 公用部分的权益分享及共有人的权利义务;
(9) 违约责任;
(10) 纠纷的解决办法;
(11) 合同生效的条件;
(12) 双方约定的其他事项。

房产买卖契约最好经公证机关公证,此时契约经公证后才生效。如果双方同意不须经公证的契约,则在双方签章起即时生效。

(三) 收取订金

买卖双方签订合同时,买方应按房款总价的一定比例作为订金预付给卖方,表明买方的购买诚意,如果买方不履行买卖契约,卖方有权将订金用作约定的损失赔偿,但如果是卖方违约,则卖方除退还定金外,还应支付相当于定金数额的违约金。

(四) 办理交易鉴证

按照我国现行的制度规定,房屋交易必须到国家指定的机构(在我国通常是房地产交易管理所)办理交易鉴证手续。经该机构审核符合交易条件,并给予办理鉴证登记的房屋交易行为,才受国家法律的保障。否则,其交易行为只可被视为是私下的、非法的交易行为,并得不到国家应有的法律保护,如不能办理产权登记、领取产权证书,"楼花"不可依法再转让等。

房屋交易鉴证可由买卖双方亲自办理,也可委托经纪人代办,但此时经纪人必须取得经认证的合法委托书。

交易鉴证的办理一般经过三个阶段:第一阶段,备件交件,此时买卖双方应备齐必需的资料交监证机构审核。应备的资料包括:(1)表明交易双方及代理人身份的证明材料,如身份证、开发商的营业执照、法人代表证明、合法的委托书等;(2)有关的产权证明材料,如《房地产证》、《房地产权属证明书》、《商品房预售许可证》等,对于私有房产,如有共有人或承租户时,还应缴交共有人或租户的意见征询书;(3)表明双方达成交易协议的房屋购售契约、定金收款凭证。第二阶段,等候审核。房地产交易管理所收件后会依循一定的程序对待鉴证案件进行审核,如对于私房交易,交易所的工作人员首先需查册检核房屋的产权状况，然后张贴公告征询异议，再对房屋进行实地勘察估价，最后审批确定，对符合交易条件的，办理成交鉴证过户手续。第三阶段，交费领证。买卖双方交纳有关的交易税、费之后，便可领取交易鉴证证明书或领回经认证的商品房预售契约，完成交易鉴证的全过程。

四、办理产权登记手续

房地产买卖双方在办理交易监证手续后，应在规定的时间内到办理房地产登记发证的机构办理产权过户登记手续。通常商品房买卖的产权过户登记手续是由开发商统一办理的，在楼宇建成验收合格交付买方使用时，买方应结清购房余款及交易税费，并办理委托开发公司代办产权过户的手续。开发公司凭报批及验收文件，首先到房地产登记机关确立整幢房屋的产权，取得该楼的权属证明书，然后，持权属证明书、楼内各单位的经监证的预售契约及委托书办理每户的过户登记手续，最后取得各单位的《房地产证》。

私房买卖的产权转移登记，可由经纪人联系买卖双方自行办理，或由经纪人代为办理，在申请办理房地产产权转移登记时，应向产权登记机关缴验房地产权属证书、交易监证证明书、申请人身份证明、委托书等有关资料，由房地产登记机关审查确权后，再发出《房地产证》。

五、收取佣金

经纪人向委托人收取佣金的价款、方式、结算时间以及支付条件经经纪人与委托者商定后，应在中介合同条款中加以注明。佣金可分期结算，也可一次结算，而最后一次结算通常在买卖双方达成交易，签订买卖契约时完成。如果委托方同时又委托经纪人代理产权过户登记手续的，则佣金的最后一次支付应该在经纪人办妥产权过户登记申请时才实现。目前，在房地产中介市场中，佣金的计收方式主要有不赚取超价和赚取超价两种。但赚取超价的方式并不值得提倡，而且还应该逐步淘汰、限制使用。因为按照正确的收费观念，经纪的本质因属于服务行业，所以其获取利益的根源应来自在房地产交易过程中为交易双方提供服务所实现的服务报酬，而不应来自房地产价格本身。而且，这种方式的实际运作极易诱使经纪人为取得更大利润而采取各种手段抬高售价，从而损害消费者的利益。因此，合理的收费方式应是从房地产成交价中按固定的比率来提取经纪人酬金，而不应赚取超价。无论经纪人采取何种方式收取佣金，都必须自觉接受有关行政主管部门的监督和管理，所收取的佣金总价款不得超过由有关部门规定的相应项目收费的最高标准。

第三节 房屋租赁经纪实务

自1993年起，我国各大城市的房产租赁市场开始热旺，一方面，由于流动人口的增多、海外公司的涌入、个体私营企业的发展，使国内对住宅及非住宅房屋的"求租"需求有增无减。另一方面，部分的房产业主，基于投资的意识，开始将其已置的产业放盘出租，以获取租金回报。加之最新的《城市房屋租赁管理办法》的出台，政府对出租者权益保障的重视，使许多有空房的人士放下顾虑，纷纷加入物业出租者行列。这一切，使得国内房屋的"招租"市场开始形成，并逐渐缓解了房屋租赁市场的供求紧张关系。

虽然房屋租赁市场巨大，但目前房地产经纪公司却并不受承放租者的欢迎，在广州，求租招租房屋的启示贴满了街头小巷的电线杆、阅报栏，甚至堂而皇之地登上报纸电台的信息栏，然而许多启示都明白表示"谢绝中介"。究其原因，主要有二：一是因为许多经纪公司收费不合理，"吃水"太深；二是多数经纪公司对求招租者往往只起一个提供信息的作用，在保障租赁双方日后尽量避免租赁纠纷方面并未给予相应的帮助，使许多求招租者颇感失望。

由此可见，经纪公司要在房屋租赁业务方面开发更多的个案，关键在于端正经营思想，提供完善服务，合理收费。只有这样，房地产经纪人在需求日渐活跃的房屋租赁市场中才可大有作为。

一、房屋租赁经纪的运作程序

房屋租赁经纪的运作由以下步骤组成：

（一）接受委托

委托者既可以是承租人，也可以是招租人。经纪人在接受委托前，同样应对委托人进行审查，剔除不合格之委托者。对于招租人，经纪人还应对其放租的房屋进行审查，检验其是否符合出租的条件。这一切事项办妥之后，经纪人方可与委托者签订房地产中介合同，正式承接委托人所委托之事务。

（二）寻找承租者或可供出租之房源

经纪人若是接受出租者的委托，便要通过各种的途径为其寻找合适的承租者，若是接受承租人的委托，便要为其寻找合适的房屋。经纪人为承租人寻找房源，除了可在自己所接受放租的楼盘中加以选择之外，还可通过各种渠道和关系网络获知房源信息，在获知何处有欲出租的房屋时，经纪人应亲自与房主联系，取得其信任，同时也不能忘记对房屋进行必要的审查。

（三）促成交易

若租赁双方在经纪人之促成下达成租赁意向时，经纪人便可联系双方就租金、租赁期限等方面进行协商，并签订租赁合同。

（四）办理租赁登记（验证）手续

房屋租赁合同签订之后，为使租赁双方的权益得到更有效的保障，经纪人应联系或协助双方办理租赁登记（验证）手续，使双方正式形成受法律保护的租赁关系。

（五）收取佣金

经纪人在完成委托事项后，即可按与委托者签订的房地产中介合同的有关条款收取佣金。佣金的数额由经纪人与委托者双方协商，同时不应超过有关主管部门规定的最高标准。目前，租赁中介的收费较为混乱。如广州，由于房屋租赁市场仍存在一定的供求缺口，所以经纪公司对于求租房者，除了在成交时收取其两个月的租金作为佣金外，还额外收取50至500元不等的"看房费"，且无论经纪公司是否完成委托任务，该笔费用均不退还。事实上，不合理的收费虽然可为经纪公司带来短期的效益，但却会造成吓跑委托者，影响经纪公司声誉，进而影响经纪公司的长远利益的不良后果。

以下将对其中几个较为重要的环节作更详细具体的说明。

二、审查放租房屋

房地产经纪人对放盘出租房屋的审查包括两个方面:第一,全面了解房屋的质量、结构、地点、面积、朝向,新旧程度、设备设施等基本情况;第二,审查房屋是否符合国家政策规定的出租条件。经纪公司应拒绝为国家明文规定严禁出租之房屋进行中介,以保障当事人及自身的权益。

根据我国建设部颁布的《城市房屋租赁管理办法》的规定,有下列情形之一的房屋不得出租:

(1) 未依法取得所有权证的;
(2) 司法机关和行政机关依法裁定,决定查封或者以其他形式限制房地产权利的;
(3) 共有房屋未取得共有人同意的;
(4) 权属有争议的;
(5) 属于违法建筑的;
(6) 不符合安全标准的;
(7) 已抵押,未经抵押权人同意的;
(8) 不符合公安、环保、卫生等主管部门有关规定的;
(9) 有关法律、法规规定禁止出租的其他情形。

在实行房屋租赁许可制度的地区(如深圳特区),经纪人对于委托出租房屋的审查相对较简单,只需查验屋主是否持有《房屋租赁许可证》即可。《房屋租赁许可证》是由房地产主管部门发出,取得《租赁许可证》的房屋均符合国家政策法规允许出租之条件。对未办理《租赁许可证》的,经纪人应指导业主或帮助业主到主管机关申请办理,待业主取得《租赁许可证》之后,才可为其代理房屋之出租事务。对于不符合房屋出租条件,主管机关不予发给《租赁许可证》的房屋,经纪人应拒绝受理。

在未实行房屋租赁许可制度的地区,经纪人应对照国家法规政策中限制房屋出租的有关条款,通过查验有关的房地产权属证明书、向业主了解情况,以及作必要的实地观察等方式,对房屋是否符合出租条件作初步的判断。对于明显不符合出租条件的,经纪人应劝业主暂时放弃出租之意愿。

虽然房屋能否出租,最终还需通过房地产管理机关的认证,但经纪人不可为图省事而忽略对房屋出租条件作审查的环节。在佣金的支付是以办妥租赁登记为条件的情况下,这一环节的忽略,将可能会导致房屋租赁登记不能顺利获得房管部门的批准,使经纪人前功尽弃,无获而返。

三、签订租赁合同

(一) 房屋租赁合同的内容

房屋租赁,当事人应当签订书面租赁合同。房屋租赁合同是指当事人就房产租赁关系达成一致的意见而订立的协议,它通常由房地产主管机关提供统一的规范文本,一般有住宅房地产租赁契约文本和非住宅房地产租赁契约文本供当事人选择使用。无论何种契约文本,它都应具备以下的条款:

(1) 当事人姓名或者名称及住所;

(2) 房屋的坐落、面积、装修及设施状况；
(3) 租赁用途；
(4) 租赁期限；
(5) 租金数额及交付方式；
(6) 修缮责任；
(7) 转租的约定；
(8) 变更和解除合同的条件；
(9) 双方的权利义务；
(10) 违约责任；
(11) 当事人约定的其他条款。

（二）租金数额

房屋租金是房屋承租人为取得一定期限内房屋的使用权而付给房屋所有权人的经济补偿。它作为房屋零星出卖其使用权的价格，是房屋在分期出售中逐渐实现价值的货币表现。房屋租金可分为成本租金、商品租金、市场租金。成本租金由折旧费、维修费、管理费、投资利息和房产税五项因素组成；商品租金是由成本租金加保险费、利润、地租等八项因素组成；市场租金是在商品租金的基础上，根据供求关系而形成的租金标准。

租金条款是房屋租赁契约中最重要的条款之一。房地产经纪人应协同租赁双方确定合理的租金。租金的确定应本着自愿互利的原则，通过经纪人反复的递价、斡旋以及双方当事人多次的磋商而达成一致的协议。在租金的议定过程中，经纪人可根据自己对租金构成因素的认识以及对房屋租赁市场供求关系的把握，向当事人就租金数额问题提出合理的建议，同时提醒当事人注意以下事项：第一，房地产主管部门会根据房屋租赁市场价格水平定期颁布房屋租赁指导租金，经纪人可提醒当事人在约定租金数额时适当参照当时的指导租金。第二，为防止租金失控，保障承租人权益，房地产管理机关也可能会在某些时期对某些特殊的房屋颁布最高租金限价，此时经纪人应提醒租赁双方只能在该最高限价内协商下浮，定出租金数额。第三，房地产主管部门经人民政府的批准，可在必要的时期实行租金管制，在租金管制时期，经纪人应提醒租赁双方在订立租赁契约时必须执行主管部门颁布的标准租金。

（三）租赁期限

租赁双方订立租赁合约时，应确定租赁期限。确定租赁期限，应注意两个问题：第一，房屋的租赁期限不得超过土地的使用年限；第二，有的地区，主管机关对租赁期限有最高年限的限制，如深圳规定住宅用房租赁期限不得超过8年，其他用房不得超过15年。此时租赁期限不得超过规定期限，如因特殊情况需超过规定的最高年限时，则需获得主管机关的批准。

租赁期限一经确定，双方当事人应当严格遵守。在执行合约的过程中，租赁期限的缩短或延长，都必须符合一定的条件并依法定的程序办理。

四、租赁登记（验证）

我国房屋租赁实行登记备案制度。房屋租赁契约在获准登记时才生效，才可获得国家法律应有的保障；未办理登记或未获准登记的租赁契约均无效，也不受国家法律之保护。

房屋租赁当事人应当在租赁合同签订后 30 日内，到房地产管理部门办理登记备案手续。当然，当事人也可委托经纪人代为办理登记手续。办理租赁登记时，租赁双方需提交下列文件：

(1) 房屋租赁契约。
(2) 房地产权利证书。
(3) 当事人的合法证件。如委托他人代理登记时，还应提交代理人的合法证件及合法的委托证书。
(4) 房屋与他人共有的，还需提交其他共有人同意出租的文件。
(5) 城市人民政府规定的其他文件。

房地产管理部门在接到租赁登记申请后，即对申请的个案进行审核验证。其审核的内容主要包括：当事人是否具备相应的条件；出租房屋是否在政策法规允许出租的范围之内；租赁合同的内容是否齐全、完备；租赁行为是否符合国家及房屋所在地人民政府规定的租赁政策；是否已按有关规定缴纳了有关税费。对于符合以上条件的，予以登记；对于不符合条件的，主管部门可行使否决权，不予登记，并书面答复申请人。

获准登记的租赁双方当事人，在缴纳了规定的税费之后，便可获得由主管部门颁发的《房屋租赁证》。《房屋租赁证》是租赁行为合法有效的凭证，租用房屋从事生产、经营活动的，《房屋租赁证》可作为经营场所合法的凭证。租用房屋用于居住的，《房屋租赁证》可作为公安部门办理户口登记的凭证之一。

只有在租赁双方获准登记并领取《房屋租赁证》后，房屋租赁经纪人的任务才可以算是真正完满结束。

第四节　房屋互换经纪实务

作为对房产交易及现有住房分配的必要补充，我国许多城市目前仍存在着大量的房屋互换行为。互换房屋的双方或多方，要在茫茫"屋海"中寻找合适的房屋并非易事，为此"换房中介"应运而生。在今天，充当换房中介主角的并非挂牌经营的房地产经纪公司，而是房地产行政管理部门下属的服务机构——"房屋调换站"。

一、房屋调换站

房屋调换站，是房地产管理部门属下的事业单位，主要从事房屋的调换工作。它通过建立换房网络，定期举办各种类型的换房服务集会等方式，为市民和单位换房牵线搭桥，促成房屋互换。

我国一般在各大中城市设立房屋调换总站，并按行政区域设立分站，分别办理跨市、跨区或跨所的换房业务。在我国，已形成了一个换房服务网，即在开展城市换房工作中，除房管员日常为群众办理换房业务外，房管所、区房管局、市房管局逐级建立相应的换房机构和配备必要的专职干部，形成像网络一样的组织系统，以协助群众换房。

在 1984 年我国还成立了"全国大中城市换房工作指导中心"，该中心是个群众性组织。其主要职能是研究换房工作的理论政策问题，促进各城市间的横向联系，交流经验，传授信息，推动换房工作的开展。

（一）房屋调换站的宗旨与职能

房屋调换站的宗旨是：充分利用现有房源，以及房地产行业的专项优势和有利条件，为改善市民居住生活或单位的工作条件提供服务，为改革开放及经济建设作出努力和贡献。

房屋调换站的职能是：根据政府的要求和单位及市民的需要，本着有利于生产和工作、方便居住与生活的原则，在自愿互利的基础上提供房屋调换和房地产业其他方面的专项服务，为单位和个人排忧解难。

（二）房屋调换站的业务范围和任务

房屋调换站的业务范围是：办理直管公房、私房、单位自管房和房管部门认可的其他房屋之间的产权或使用权的调换。包括：本市或跨省市的房屋互换；住宅和非住宅的互换；私房、单位自管房之间的使用权和产权的调换；应市民的和单位的要求，承办房地产业中其他业务的委托代办项目。

房屋调换站的主要任务是：

（1）直接为调房人或单位牵线搭桥，办理房屋产权或使用权的调换；

（2）承接等价换房、差价换房的委托专项业务；

（3）指导和协调各房屋调换分站的换房工作，建立换房网络；

（4）开展房地产业中的委托代办业务项目。

房屋调换站在开展业务活动时实际上是具有两重身份的。其一重的身份是换房中介机构，它为换房双方或多方提供信息，介绍换房者见面沟通，促成换房双方达成一致的意向；其另一重的身份是行政管理机构，它隶属于房地产管理部门，同时又是下属分站的上级行政机关。而更重要的是，它具有审核房屋调换是否合法的最终审批权，即使房屋调换者透过其他的渠道自行寻得置换对象，他也必须到房屋调换站办理有关的调换手续，获得调换站的批准，方可进行房屋的调换。

二、房屋互换经纪的运作程序

如前所述，在我国充当房屋互换经纪人的主要是房屋调换站。房屋调换站在开展房屋互换经纪业务时，基本上是按如下的程序进行运作：

（一）接受换房登记

房屋调换站若接受了有换房需求的个人或单位的换房登记，实质上就是接受了为这些个人和单位提供换房中介服务的委托业务。

房屋调换站在接受换房登记时，应查验申请人的有关证件。对于登记房屋产权互换的，查验的证件包括：

（1）申请人的户口簿、身份证；

（2）房屋的所有权证。

对于登记房屋使用权互换的，查验的证件包括：

（1）申请人的户口簿、身份证；

（2）房屋租簿凭证；

（3）出租人（产权人）同意调换的证明或书函。

房屋调换站对于申请登记参与调换的房屋，还需作必要的审查，检验其是否符合房屋调换的条件。目前，按照国家的有关政策，下列情况之一的房屋不得进行调换：

(1) 产权或使用权权属不清，或有争议，或未征得所有有关权益人的同意的房屋；
(2) 仍有未清之他项权利的房屋；
(3) 属违章建筑和危险建筑的房屋；
(4) 已由房管部门公告拆迁的房屋；
(5) 部队、公安、司法、档案等部门和大专院校、军工企业等单位的房屋。

此外，有下列情形之一时，房屋承租户也不得提出换房申请：
(1) 未办理正规的租赁手续，无合法的租赁关系，或有与租赁相关的纠纷；
(2) 房屋的调换未征得产权单位的同意。

对于符合换房条件的，房屋调换站才可为申请人办理换房登记手续，并发给换房登记凭证。

（二）介绍换房

房屋调换站有义务为持有换房登记凭证的个人和单位提供信息资料，供其物色选择调换对象，以促使房屋调换的成功。换房介绍是房屋调换经纪运作程序中最重要的一环，也是颇为烦琐的一环。要使换房者觅得满意的房屋，调换站的工作人员必须不厌其烦地为其提供房源信息并安排有互换房屋意向的申请人见面洽谈或直接上门互访察看对方的房屋，经过换房者作无数次的双向选择甚至多向选择之后，一致的换房意向才有可能达成。当然，若换房意向仍未达成，则在换房登记凭证的有效期内，工作人员就有必要重复提供换房介绍的服务，直至换房双方或多方都认为已找到满意的换房对象为止。

（三）达成换房意向

在换房者找到合适的换房对象后，工作人员就要联系换房的双方或多方到房屋调换站签订《房屋产权调换协议书》或《房屋使用权调换协议书》。该协议书是房屋调换者之间根据双方当事人共同确认的权利和义务，就房屋调换的有关事项所自愿订立的协议。它一般包括以下的内容：
(1) 调换人姓名；
(2) 调换房屋地点、门牌号码；
(3) 房屋所有权人姓名；
(4) 调换的时间、期限；
(5) 双方承担的权利义务；
(6) 违约的处理、纠纷的解决办法；
(7) 双方当事人的签章。

房屋调换协议签订后，经办人员应根据换房双方提供的证件对所经办的房屋调换个案作审核，然后报请主管领导审批。经主管领导批准后的房屋调换协议始正式生效。同时，调换站发给当事人房屋调换证明书，以方便当事人办理房屋产权转移登记或解除旧租约、签订新租约等有关手续。

（四）收取手续费

房屋调换站所提供的服务是有偿服务，故房屋调换站可参照房地产经纪管理条例的有关规定收取手续费。

（五）办理有关手续

房屋互换当事人在调换站办理完全部的调换手续之后，还需办理以下有关手续，才可正式履行房屋调换协议，真正实现房屋的置换。

1. 房屋产权调换应办理的手续

房屋产权调换实际上是一种双向的房屋买卖交易，因此换房双方在签订了换房协议之后，还应办理如下手续：

（1）办理房屋估价手续。由调换站或双方当事人到国家批准成立的房地产估价机构申办互换房屋产值评估手续，由估价机构分别评定出互换房屋的价格。此时换房双方需按规定交缴评估服务费。

（2）办理交易监证手续。房屋产权互换的监证手续与房屋买卖的监证手续基本相同。在办理监证时，对于等价的房屋互换，调换双方可免交契税；对于不等价的房屋互换，原房屋价格低的产权人除了需补足差价外，还需按国家的有关规定缴纳相应的契税。

（3）办理产权登记转移手续。换房双方在通过换房监证，取得由房地产交易管理所发出的产权互换监证证明书或产权互换处理意见书后，即可到房地产产权登记机构申请办理产权过户登记手续。此时双方应提交身份证明文件、原房地产权证、房屋调换协议书、交易监证证明或处理意见书以及登记申请表等。产权登记机构审核确权后，更名过户发证。调换双方取得新的房地产权利证书后，其对通过置换取得的房屋的所有权才正式得到国家法律的认可和保障。

2. 房屋使用权调换应办理的手续

房屋使用权调换成功后，原承租人与出租人订立的租赁合同暂时终止，新的使用者成为新的承租人，新承租人与出租人应另行签订租赁合约。旧合约的解除与新合约的签订均应以法定的程序进行，同时新的租赁合约还需办理租赁登记（验证）手续。

三、调房服务集市

为了加速换房信息的传播，促使换房人士和单位在更短时间内觅得如意的房屋，提高换房工作的成效，各大中城市一般都会由房屋调换总站牵头，举办定期或不定期的调房服务集市活动。调房服务集市除了有房屋调换总站及各分站参与外，还会有部分的房地产中介代理机构以及个体经纪人参与。该集市除了为市民和单位提供换房信息咨询及代办调房等服务外，还为调房人相互沟通联系提供了活动场所。

目前进入服务集市承办换房中介业务的房地产经纪机构极少，究其原因，主要是因为换房中介业务琐碎，成功率不高以及收费偏低等因素造成。房地产经纪机构若开展此项业务，最首要的问题就是要储存大量的可供置换的房源信息，至于其业务的运作则与前述的基本相同，只是经纪公司在换房者之间达成一致的意向之后，需联系换房双方到房屋调换站补办登记、签约、审批等有关的手续。如受委托，还需为换房者代办申请估价、监证、产权登记或签订租赁合同并办理租赁登记等手续。收取的佣金由经纪公司与换房委托者协商确定，同时还应遵守房地产经纪管理条例的相关规定。

与房地产经纪机构相反，现时有为数不少的个体房地产经纪人热衷于从事换房经纪业务。他们充分发挥其灵活性强的特点，在换房市场上如鱼得水，促成了不少换房交易，起到一定的作用。但值得注意的是，这些经纪人大多为无牌的黑市经纪，即人称的"房审窜"，他们从业时的手段往往不规范甚至带有欺骗性，且有逃避纳税的行为，故政府管理部门应视具体情况对他们实施引导、限制或禁止等必要的管理。

第五节 房产抵押经纪运作

一、房地产抵押的含义

房地产抵押是指抵押人向抵押权人提供其合法拥有的房地产或房地产权利,以不转移占有的方式作为按期履行债务的担保,在不能按期履行债务时,抵押权人有权依法处分抵押物,并优先得到偿还的民事行为。

房地产抵押关系的当事人分别是抵押人和抵押权人。其中,抵押人是指以其房地产作为本人或第三人履行债务的担保的企业法人、个人和其他经济组织;抵押权人是指接受房地产抵押作为债务人履行债务担保的企业法人、个人或其他经济组织。

在抵押设定后,当债务人不履行债务时,债权人有权依照法律的规定以抵押物折价或者以变卖抵押物的价款优先得到偿还。债权人的这一项权利,就是抵押权。

二、房地产抵押的程序

(一)申请贷款或协商借款

如果房地产所有权人意欲将房地产用于信贷抵押,则首先应向金融机构递交申请书,在申请书上载明单位名称、申请贷款额、房地产位置、状况等内容。如果房地产所有权人意欲将房地产用于债务抵押,则首先应与款项借出单位或个人初步协商借款的有关条款,包括:借款金额、利息、归还期限以及双方的有关权利义务等。

(二)审核评估

无论金融机构还是款项借出单位或个人都应对抵押人进行必要的审查,包括了解其信用情况,查证房地产的权利状况,以及调查房地产的基本情况。同时,对被抵押的房地产进行估价,房地产的价格可由抵押双方当事人协商确定,也可委托政府认可的房地产评估机构进行评估。

(三)办理房地产保险

为保证抵押权人的合法利益,应由抵押人向被抵押房地产所在地保险公司办理在抵押期间内保险。保险合同应订明,抵押权人是保险赔偿的优先受益人,即享受优先从赔偿金中收回抵押借款的权利。

(四)签订抵押合同

抵押双方取得一致意见后,填写抵押合同。合同一般应用中文书写,如果必须用其他文字书写的,应该附有中文本。若两种以上文字书写的抵押合同之间发生表达差异时,应以中文本为准。

(五)合同公证

抵押合同必须进行公证。抵押合同在我国境内订立的,应在签订地或抵押房地产的所在地进行公证;在港、澳、台地区签订的,可由我国认可的港、澳地区律师及团体见证;在国外签订的,应当由所在国公证机构公证,并经我国驻该国使馆或商务机构认证。

(六)抵押登记

抵押双方当事人在合同公证之日起规定的若干期限内(通常境内公证的为30天内,境外公证的为 60 天内），应带齐证件到房地产登记机构进行抵押登记。

抵押登记完毕后，抵押权人才履行合同，发放贷款或借出款项。

（七）还款付息，注销抵押。

如果抵押人能按时履约，则偿还债务后，抵押合同自动终止。此时双方应携带身份证明或单位法人证明、房地产权证书、他项权利证书以及债权债务已履行完毕的书面证明等，到房地产登记机关办理抵押注销登记。

（八）违约赔偿

如果债务人违约，债权人有权向房地产管理机关申请处分抵押房地产，并以处分所得偿还债务。处分抵押房产的方式主要有三种，一是拍卖，二是作价转让，三是经房地产管理机关同意的其他方式。抵押房产的拍卖应由司法机关指定的拍卖机构按法定的程序进行。在我国，抵押房产的拍卖通常由有拍卖业务资格的房地产交易管理所主持。房屋处分后的所得款项按如下顺序分配：支付处分抵押物所需费用；扣缴抵押物应纳税款；偿还抵押人所欠债务本息及违约金。处分所得款项如有剩余部分应退还给抵押人，如不足偿还本息时，抵押权人有权另行追索。抵押房产处分完毕后，新旧房地产权利人应办理房地产权属转移登记手续。

三、经纪人在房地产抵押中的所起的作用

房地产抵押的双方当事人可委托有关的机构代办房产抵押的一切事宜，以避免专业知识的限制及办理繁琐的手续。代办房地产抵押的机构通常包括：房地产信托投资机构、房地产经纪机构以及房地产律师行。这些中介机构在接受房地产抵押委托后，主要能为委托人提供如下的服务：

(1) 协助审查抵押房产，以保障抵押权人的权益；
(2) 按委托者的要求选择抵押权人；
(3) 评价抵押双方的经济情况；
(4) 对抵押房产进行评估或联系国家认可的评估机构代为评估；
(5) 协助双方签订抵押合同及办理公证；
(6) 代办抵押登记及抵押注销登记；
(7) 代办抵押房产处分的有关事宜。

其中，(1)、(5)、(6) 项为中介机构处理房产抵押事务时最基本的环节，故在以下三点详述。

四、房产抵押权设定时的审查

在设定房产抵押权时，为避免发生纠纷，使抵押合同具有法律效力，抵押权人或受托的经纪人应对抵押房产作必要的审查，其内容包括：

（一）审查抵押房产是否能设定抵押权

根据各地的房地产抵押管理办法，在我国，可以设定抵押权的房产或权益主要包括有：

(1) 依法取得所有权的房屋及其占有范围内的土地使用权；
(2) 依法生效的商品房屋预售（购）合同。

不得设定抵押权的房产或权益主要包括有：

(1) 权属不明或有争议的房地产；
(2) 未依法登记领取权属证书的房地产；
(3) 被依法查封、扣押等施以司法保全措施的房地产；
(4) 已列为国家建设征用的房屋；
(5) 依法不得设定抵押权的其他房地产。

（二）审查一些有特殊情况的抵押房产是否已作妥善处理

虽然有些房产并非在不得设定抵押的范围之内，但各地的房地产抵押管理办法均要求在对其作出妥善的处理后，方可设定抵押权。具体包括有以下一些情况：

(1) 共有房地产的抵押。以按份共有的房地产设立抵押权前，抵押人应书面通知其他共有人，并只能以自己所拥有的份额为限进行抵押。以共同共有的房地产设定抵押权的，必须经全体共有人同意，抵押人为全体共有人。

(2) 已出租房地产的抵押。以已出租的房地产设定抵押权的，抵押人应当将已出租的事实明示拟接受抵押者，房地产抵押合同签订后，原租赁关系继续有效。

(3) 有限产权房屋的抵押。以有限产权房屋设定抵押权的，应先征得原出售单位或当地房地产管理部门的同意，并仅以房屋所有人原出资的比例为限设定抵押。

(4) 预购商品房的抵押。预购的商品房必须是已办理了交易监证手续的合法期权房屋，方可设定抵押。

(5) 有营业期限的企业房地产的抵押。有营业期限的企业以其所有的房地产设定抵押权时，其设定的抵押期限不得超过企业的营业期限。

（三）审查抵押房产是否已作抵押

已设定抵押的房地产可再作抵押，但首先须征得原抵押权人的书面同意，并将已抵押的事实向接受再抵押者明示。一个进行了多次抵押的房地产，只有一次处分权，处分所得的款项，应按抵押设立的他项权利登记的顺序，依次对抵押权人进行补偿。

同一房地产也可以它的各个部份分别设立数项抵押，在它价值中的一部分已设定了抵押权之后，还可将其余部份抵押给另外的债权人。抵押人应事先将已作抵押的情况告知拟接受抵押的当事人，并将设定抵押权状况告知现有各个抵押权人。

五、抵押合同的订立

设定房地产抵押权必须签订书面抵押合同。抵押合同应载明以下主要内容：

(1) 抵押当事人；
(2) 抵押物的名称、坐落、类型、结构、面积、价值、使用权属所有权属以及权证编号等；
(3) 抵押权所担保的债务数额、币别、利率、支付方式、归还方式及履行期限等；
(4) 抵押物的占管人、占管方式、占管责任，以及意外毁损或者灭失的责任；
(5) 违约责任；
(6) 抵押权消灭的条件；
(7) 争议的解决方式；
(8) 抵押当事人约定的其他事项；
(9) 合同订立的时间与地点；

(10) 双方当事人的签章。

双方签订的抵押合同在办理抵押登记之后即时生效，双方当事人必须自觉履行。如因特殊情况，双方均同意变更合同或解除合同，则双方应达成书面协议，并办理抵押变更登记或注销登记。抵押人在合同期限内已清偿债务或者抵押权人放弃债权的，抵押合同终止。抵押合同终止时，双方当事人也需到房地产产权登记机关办理抵押注销登记。

六、抵 押 登 记

在抵押设定、抵押变更及抵押解除时，抵押双方当事人或代理人都应到房地产产权登记机构办理登记事宜。

办理抵押登记时，双方应填写他项权利登记申请表，同时提交如下证件：

(1) 双方当事人的身份证件或法人单位证明；

(2) 房地产权证书或经监证生效的商品房预售合同；

(3) 经公证的抵押合同等。

登记机关经审核无误后，向登记人出具登记证明，通常是向抵押权人出具他项权利证，并在抵押人之产权证上注明他项权利状况。

办理变更登记时，双方除提交上述证件之外，还应提交达成变更之书面协议书。

抵押合同解除或终止时，双方应在规定期限内，到登记机关填写他项权利注销登记申请表，并提交债权债务已履行完毕的书面证明及上述的证件，办理抵押注销登记。

思 考 题

1. 为什么房地产经纪人必须对经纪业务的委托人进行审查，审查的内容包括哪几个方面？
2. 什么是房地产中介合同，它通常应包括哪些内容？
3. 房地产经纪人接受委托开展经纪业务时，应如何审查委托的标的物？
4. 试述房地产经纪人在开展房产出售、出租、互换等经纪业务时的经纪运作程序。
5. 房地产经纪人在接受房地产抵押委托后，能为委托人提供哪些服务？

第四章 地产交易经纪实务

第一节 我国土地法律制度概述

一、我国土地所有制

根据《中华人民共和国宪法》和《中华人民共和国土地管理法》的规定，中国现行的土地所有制为社会主义公有制，包括有社会主义全民所有制和社会主义劳动群众集体所有制两种形式。

我们可从以下几个方面加深对中国现行的土地所有制度的认识和理解：

（1）土地的社会主义全民所有制，具体地是采取社会主义国家所有制的形式，即由社会主义国家代表全体劳动人民占有属于全民的土地，行使占有、使用、收益、处分等的权利。

（2）土地的社会主义劳动群众集体所有制，具体地是采取社会主义集体经济组织所有制的形式，由各个社会主义集体经济组织代表其内部的全体劳动人民占有属于各集体的土地，行使占有、使用、收益、处分等的权利。

（3）属于国家所有的土地包括：城市市区的土地；农村和城市郊区中依法没收、征用、征收、征购、收归国有的土地；国家未确定为集体所有的林地、草地、山岭、荒地、滩涂、河滩地以及其他土地。

（4）农村的城市郊区的土地，除法律规定属于国家所有的以外，属于集体所有；宅基地、自留地、自留山，属于集体所有。

二、我国城镇土地使用制度

我国实行国有土地有偿使用制度，这种制度的基本格局是：（1）国家在不改变土地国有的条件下，将土地使用权有偿、有限期地出让给土地使用者；（2）土地使用者的土地使用权在使用年限内可以转让、出租、抵押或者用于其他经济活动，其合法权益受国家法律的保护；（3）国有土地使用者应按法律的规定缴纳有关的土地使用税费；（4）土地使用权期满，土地连同地上的建筑物由政府无偿收回。以下将对该制度的基本轮廓分项加以说明。

（一）土地使用权出让

1. 土地使用权出让的概念

土地使用权出让是指国家以土地所有者的身份将土地使用权在一定年限内让与土地使用者，并由土地使用者向国家支付土地使用权出让金的行为。按照现行的规定，土地使用权的出让仅限于在城市规划区内国有土地范围内进行，城市规划区内的集体所有土地在未经依法征转为国有土地时，不得出让。如果城市规划确定某一建设项目需占用集体所有土地，则政府必须先依法将该集体所有土地征用转为国有土地后，才可通过出让方式向建设用地者提供土地使用权。

2. 土地使用权出让的方式

土地使用权的出让可以通过协议、招标、拍卖三种方式进行，其具体的程序和步骤由各省、自治区、直辖市人民政府规定（以下将以深圳特区为例加以说明）。

（1）协议出让方式。协议出让土地使用权，是指土地出让方（政府）与受让方（土地使用者），协商土地使用权出让金和条件，达成协议，签订土地使用权出让合同，实现土地使用权有偿出让的一种方式。以协议方式出让土地使用权，人为因素较多，缺乏公开性和平等竞争，故其适用范围逐步受到限制。该方式主要适用于工业仓储、市政公益事业项目、非盈利项目及政府为调整经济结构、实施产业政策而需要给予优惠、扶持的建设项目。协议出让土地使用权的出让金不得低于按国家规定确定的最低价。协议出让土地使用权的程序如图 4-1 所示。

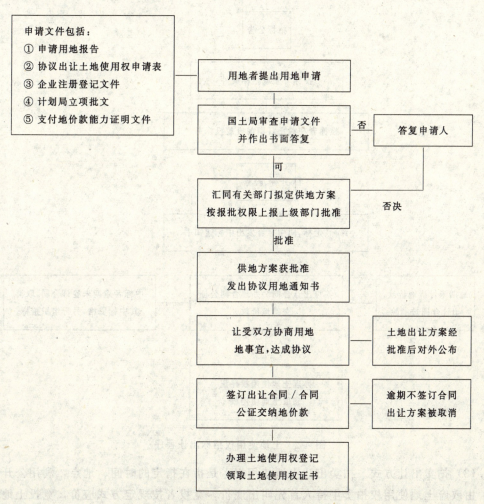

图 4-1 土地使用权协议出让程序

（2）招标出让方式。招标出让土地使用权，是指在指定的期限内，由符合指定条件的单位和个人以书面投标的形式，竞投某块土地使用权，土地使用权招标小组通过评标决标，择优选定受让人的一种土地出让方式。招标方法有两种,一为公开招标,即由招标人通过报刊、广播、电视等媒介发出招标广告,有意者皆可参与竞投;二为邀请招标,即招标人向符合规定条件的单位发出招标文件,只有收到招标文件的单位方可参与土地使用权出让之竞投。招标人在评标时,除了考虑投标价外,还要对投标设计方案和企业的资信情况进行综合评价,择优选定中标人。招标出让方式主要适用于一些大型或关键性的投资项目。招标出让土地使用权的程序如图4-2所示。

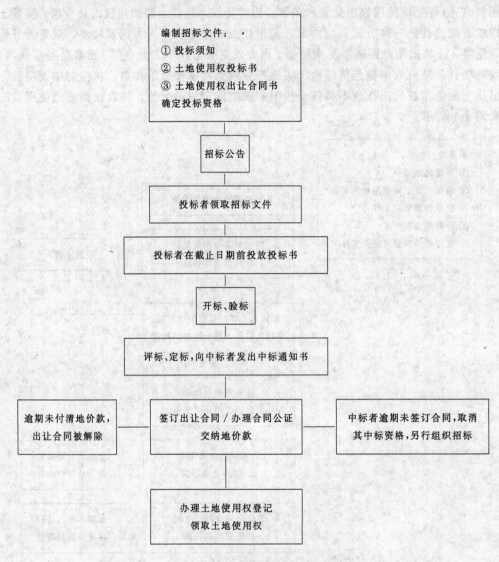

图4-2 土地使用权招标出让程序

(3)拍卖出让方式。拍卖出让土地使用权,是指在指定的时间、地点,利用公开的场合,由政府土地使用权拍卖主持人首先叫出底价,竞投者按规定方式应价,竞投土地使用权,最后由出价最高者取得土地使用权的土地出让方式。拍卖出让方式充分引进了竞争机制,是公开的、完善竞争的土地市场。这种出方式主要适用于投资环境好,赢利大,竞争性强的房地产业、金融业、商业、旅游业和娱乐用地。拍卖土地使用权的程序如图4-3所示。

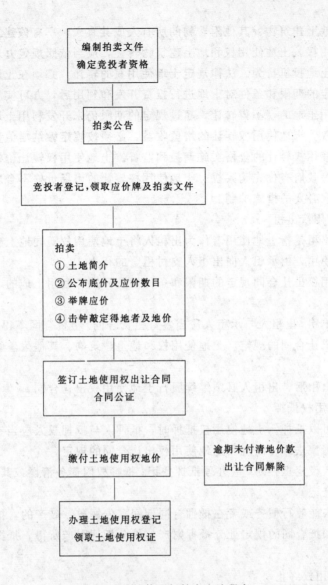

图 4-3 土地使用权拍卖出让程序

3. 土地使用权出让方案的拟定和审批

土地使用权出让方案由市、县政府土地管理部门会同城市规划和建设部门、房产管理部门共同拟定。土地出让方案通常包括出让土地的面积、使用年限、出让金底价、土地使用条件、土地用途等,如出让土地属集体所有土地,还需拟定征地补偿安置方案,属旧城改造用地,需拟定拆迁补偿安置方案。与此同时,有关部门还应编制出《土地使用条件》、《土地使用权出让合同》等文件。土地出让方案需按照国务院的批准权限报经批准后,方可由土地管理部门组织实施。

(二) 土地使用权转让

土地使用权转让是指土地使用者将土地使用权再转移的行为,包括出售、交换和赠与。

土地使用权转让应当签订转让合同。土地使用权转让时,土地使用权出让合同和登记文件中所载明的权利、义务随之转移。土地使用权转让时,其地上建筑物、其他附着物所有权随之转让。地上建筑物、其他附着物的所有人或共有人，享有该建筑物、附着物使用范围内的土地使用权。土地使用权和地上建筑物转让，应当依照规定办理过户登记。

政府不鼓励土地投机行为。法律规定土地使用权的转让，必须在土地使用者按土地使用权出让合同规定的期限和条件对土地进行投资开发和利用后，方可实施。未按出让合同规定条件开发利用土地的，不得转让，超过规定的期限仍未开发利用土地的，政府有权无偿收回土地使用权。土地使用权转让的增值收益，必须按规定缴纳增值税。

政府对土地使用权转让的价格实施调控和监督。土地使用权转让价格明显低于市场价格的，市、县人民政府有优先购买权。土地使用权转让的市场价格不合理上涨时，市、县人民政府可以采取必要的措施抑制。

（三）土地使用权出租

土地使用权出租是指土地使用者作为出租人将土地使用权随同地上建筑物、其他附着物租赁给承租人使用，由承租人向出租人支付租金的行为。

未按土地使用权出让合同规定的期限和条件投资开发、利用土地的，土地使用权不得出租。

土地使用权出租，出租人与承租人应当签订租赁合同。租赁合同不得违背国家法律、法规和土地使用权出让合同的规定。土地使用权和地上建筑物、其他附着物出租，应依法办理登记。

土地使用权出租后，出租人必须继续履行土地使用权出让合同。

（四）土地使用权抵押

土地使用权可以抵押。土地使用权抵押时，抵押人与抵押权人应当签订抵押合同。抵押合同不得违背国家法律、法规和土地使用权出让合同的规定。

用土地使用权设定抵押时，应办理抵押登记；抵押权因债务清偿或其他原因而消失时，应办理注销抵押登记。

抵押人到期未能履行债务或者在抵押合同期间宣告解散、破产的，抵押权人有权依照国家法律、法规和抵合同的规定处分抵押财产。处分抵押财产所得，抵押权人有优先受偿权。

（五）土地使用权终止

土地使用权可因土地使用权出让合同规定的使用年限届满、提前收回及土地灭失等原因而终止。

土地使用权期满，土地使用权及其地上建筑物、其他附着物所有权由国家无偿取得。土地使用者应当交还土地使用证，并依照规定办理注销登记。土地使用权期满时，土地使用者可以申请续期。需要续期的，应重新签订土地使用权出让合同，支付土地使用权出让金，并办理登记。

国家对土地使用者依法取得的土地使用权不提前收回。在特殊情况下，根据社会公共利益的需要，国家可以依照法律程序提前收回，并根据土地使用者已使用的年限和开发、利用土地的实际情况给予相应的补偿。

（六）土地使用权划拨

土地使用权划拨，是指县级以上人民政府依法批准，在土地使用者缴纳补偿、安置等费用后将该幅土地交付其使用，或者将土地使用权无偿交付给土地使用者的行为。以划拨方式取得土地使用权的，除法律、行政法规另有规定外，没有使用期限的限制。

土地使用权划拨的范围，受到严格的控制，按照现行规定，只有（1）国家机关用地，（2）军事用地，（3）城市基础设施用地，（4）城市公益事业用地，（5）国家重点扶持的能源、交通、水利等项目用地在确属必需时，按法律规定的批准权限报经批准后，方可以划拨方式划拨土地使用权。

土地使用权划拨的程序，如图 4-4 所示。

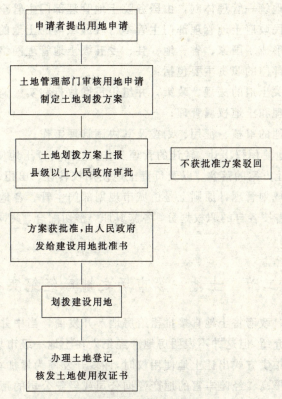

图 4-4 土地使用权划拨程序

无偿取得划拨土地使用权的土地使用者，必须按规定与土地管理部门签订土地使用权出让合同，并补交土地使用权出让金后，方可进行土地使用权的转让、出租和抵押。

对于无偿划拨的土地使用权，人民政府可在土地使用者因迁移、解散、撤销、破产或其他原因而停止使用土地时无偿收回；也可根据城市建设发展需要和城市规划的要求无偿收回。无偿收回划拨土地使用权时，对其地上建筑物、其他附着物，市、县人民政府应当根据实际情况给予适当补偿。

收回的土地使用权，土地管理部门可依有关的法律程序予以出让。

（七）土地使用的税费

土地使用税是以土地为课税对象，按照实际占用土地面积对使用土地的单位和个人征收的一种税。

在城市、县城、建制镇、工矿区范围内使用土地的单位和个人，为城镇土地使用税的纳税义务人，应按有关规定缴纳土地使用税。土地使用税根据规定的标准按年计算，分期缴纳。在深圳特区，土地使用费的收费标准分为甲乙两种，凡通过协议、招标、拍卖方式有偿取得土地使用权的,按甲种收费标准征收土地使用税;凡通过行政划拨,无偿取得土地使用权的,按乙种收费标准征收土地使用税。

凡符合国家有关土地使用税减免优惠政策的单位和个人,可按相应的程序办理土地使用税的减免。

三、我国现行土地管理体制

我国实行城乡土地统一管理体制,由国务院土地管理部门主管全国土地的统一管理工作,县级以上地方人民政府土地管理部门主管本行政区域内的土地的统一管理工作。到目前为止,全国已初步形成了国家、省、地、县、乡五级土地管理网络。

各地区土地管理部门的职责主要包括:

(1) 负责制定有关土地的法规、政策,并组织贯彻执行和实施监督检查;

(2) 负责地籍管理和土地权属管理;

(3) 负责建设用地的审核、征用、划拨及其协调管理工作;

(4) 负责国有土地使用权出让、转让的管理工作。包括负责土地使用权出让的组织、协调、审查、报批和出让方案的落实,以及负责土地使用权转让、出租、抵押等的监督管理。

我国城市土地的规划管理,原则上是由城市规划部门主管。各地土地管理部门和规划部门在开展工作时,需按各自的职权划分,各施其职,密切配合,共同搞好土地的规划、利用、开发和管理工作。

第二节 土地一级市场之地产经纪实务

在土地一级市场,政府将土地直接批租给房地产开发商,当中并不需要作为中间人的房地产经纪人作居间介绍,但这并不表明房地产经纪人在土地一级市场上完全无用武之地。例如在政府以招标或拍卖方式出让土地使用权时,许多开发商为增加在竞投中取胜的机会,就往往会寻求专业水平高、经验丰富的地产咨询公司或经纪公司的帮助。当然,在这种情形下,房地产经纪人所充当的角色更准确地说是专业顾问而非经纪人。地产经纪人在协助开发商竞投政府出让的土地使用权时,主要的工作内容包括:(1)进行调查分析,掌握充分信息;(2)拟定投资方案,进行项目评估;(3)制定投标策略,提出报价建议。

一、地块调查与分析

信息的充分掌握,对于开发商来讲具有重大的意义,它不仅关系到开发商能否在投标中取胜,而且关系到开发商能否以最低的报价取胜。地块的调查与分析,实际是指对与出让土地有关的信息进行调查、收集与分析,其目的在于为投标策略的制定提供充分可靠的依据。与出让土地有关的信息主要包括三个方面,即关于土地本身的信息;关于市场的信息;关于竞争对手的信息。

(一) 对地块自身情况的调查与分析

对地块自身情况进行调查的依据一般来源于土地使用权出让(转让)合同、政府公布的有关土地方面的资料、实地的观测以及其他的信息渠道等。其内容主要包括以下几个方面:

1. 地块的基本情况

(1) 座落位置，即对地块所处的区域和具体地点的认识。

(2) 面积大小，即地块依法确认的面积，如政府出让的地块，其面积通常是根据标有坐标点的用地红线图，由城市规划管理部门或土地管理部门在地块各转点钉桩、埋设混凝土界桩或界石来确认，而且其面积的大小是依水平投影面积计算。

(3) 地块形状，即了解地块是正方形、长方形、三角形、梯形、抑或是菱形，是规则还是不规则。

(4) 地形地势，地形是指同一块土地内的地面起伏状况，地势是地块与相邻土地的高低关系，特别是与邻接道路的高低关系。

(5) 地质水文。

2. 地块的规划设计要求

地块的规划设计要求实为政府对土地开发利用的管制。在土地使用权出让时，土地规划的具体要求便在土地使用权出让合同条款中列明，受让人与政府土地管理部门一旦签订合同，即意味着他完全同意该地块的规划设计条件，并愿意按该条件进行土地开发。即使地块转让，其原定的规划条件也不会改变，新的土地受让人仍需按其要求进行土地的利用开发。

地块的规划设计要求主要包括：

(1) 用地性质（又称土地用途）。

(2) 建筑容积率。容积率是建筑面积与用地面积的比率，它是反映土地利用强度的重要指标。

(3) 建筑密度（又称建筑覆盖率）。建筑密度是指单位面积土地允许建筑占地面积数，通常为一块土地上建筑物的底层面积与全部土地面积的比率。城市规划一般要求建筑物四周要留有空地，以作为建筑物的绿地和交通，同时以满足建筑物的采光、日照、消防间距以及隐私权等方面的要求。

(4) 建筑限高。

(5) 绿地比率，即用地红线内绿化用地面积与土地总面积的百分比。

(6) 建筑后退要求，即建筑物应距离城市道路或用地红线的程度。

(7) 建筑艺术要求，即对建筑形式、建筑色彩等方面的要求。

(8) 出入口方位。

(9) 停车场建设要求。

(10) 其他要求。

3. 地块的基础设施情况

土地依其开发程度的不同，有生地和熟地之分。生地是未开发的处女地，基本上未进行开发，无水、电、路、通讯等基础设施；熟地是指进行了前期开发，实现了"三通一平"或"七通一平"的土地。所谓"三通"是指通电、通水、通道路；所谓"七通"是指通道路、通水、通电、通电讯、通排水、通煤气、通热力；"一平"是指平整场地。地产经纪人应对上述情况有所了解，并留意水、电、煤等管道是否已接到地块口或地块红线。

4. 地块附近的环境状况

(1) 地块所处区域的性质。即地块所处区域有什么特色，是繁华的商业区，还是大专院校、科研单位云集的教育文化区及科技开发区,是居住区还是工业区等。

(2) 地块所处区域的繁华程度。即该地段是属于繁华、较繁华、次繁华、抑或是较偏僻地段,与商业中心的远近等。

(3) 交通条件。包括地块附近的道路宽度、密度以及公共交通状况。

(4) 城市设施。即地块所处区域范围内的供水、供电、供气、供暖、通讯、排水等城市基础设施的配备情况,以及教育文化、医疗卫生、娱乐体育、商服网点等社会服务设施的配备情况。

(5) 环境保护情况。包括附近的绿化覆盖面积,空气、水源、噪声的污染情况等。

(6) 人口状况。包括附近居住人口的密度以及流动人口的流量等。

5. 地块所处区域未来的城市规划远景

地产经纪人通过对地块进行调查,对地块的基本情况有了全面概括的了解后,便可利用所掌握的大量的第一手资料,展开对地块的综合分析和评价,其内容主要包括:

(1) 分析地块的物理性状如面积、地形地势、地质水文等以及地块的基础设施情况对投资项目的影响。地块的物理性状以及地块的基础设施情况对投资项目的影响主要体现在它们对项目的工程建设费用的影响上。例如,地块的地质水文条件差,则必然地会给工程施工带来一定的困难,从而造成工程成本的增加。再如,投入在生地上的开发费用也理所当然地会比投入在熟地上的开发费用多。因此,地产经纪人应根据自己掌握的有关地块本身的资料,正确评价该地块的面积、形状、地形地势、水文地质等情况以及基础设施情况是否适宜于开发;适宜于开发什么项目;以及它们对开发费用的影响。

(2) 分析地块的规划要求对投资项目的影响。地块的规划要求对投资项目的影响主要反映在它们对项目投资收益的影响上。例如,建筑容积率与项目开发利润的关系就相当的密切,因为在土地出让价一定的情况下,容积率越大则楼面地价越小,开发商从开发中获得的利润就越大。另外,用地性质对开发利润的影响也是颇大的,同一地块用于开发住宅与用于开发商厦,其可获得的收益必然是有出入的。因此经纪人应能准确判断出在可选择的范围内,开发那种项目能为开发商带来更大的利润。当然,这个判断最终还需依赖于对地块的区位因素以及项目市场供求情况的分析上。

(3) 分析地块的区位条件如地块所处区段的商贸繁华程度、交通条件、自然环境、人口状况、社区文化、城市设施配套以及城市规划远景等对投资项目的影响。地块的区位条件分析是对地块的综合分析中最为关键的环节。因为一个开发项目的成功与否,往往取决于该项目所处的区位条件。同样一个项目,放在 A 区可能会获得空前成功,放在 B 区则可能会是一败涂地。关键的问题在于,项目所在区域的具体条件是有利于该项目还是不利于该项目。对地块的区位条件进行分析,实质上就是要在地块所处区域范围内,寻找出可能会对地块既定的投资项目产生影响的各项因素,并分析评价这一系列因素对该项目的影响方向及影响程度。分析时应注意以下问题:

1) 区位分析通常包括宏观区位分析与微观区位分析两种。宏观与微观是相对而言的,将房地产项目置之于相对较广阔的区域范围内(如某个国家、地区或城市)来进行分析,是宏观区位分析;将房地产开发项目置之于相对较狭小的区域范围内(如某个街区、某个地点)来进行分析,则是微观区位分析。例如,对于广州天河高新技术开发区项目,如果从广州市这一大范围来分析各项技术经济条件对它所产生的影响,这便是宏观区位分析;如果从它所处的天河区这一小范围来分析各项因素对于它有何利弊,这便是微观区位分析。能对房地产开发项目产生影响的区位因素众多,宏观区位分析与微观区位分析各有不同的侧重。进行宏观区位分析时,主要考虑的因素包括地区(区域范围相对较大)的经济发达情况、政治稳定情况、工商农以及交通运输业发展情况、物资资源情况、地理位置、对外的交通运输条件以及对外开放程度等。宏观区位分析能比较出不同城市或地区在区位条件上的差异。进行微观区位分析时,主要考虑的因素是区段(区域范围相对较小)的城市设施配套、与商贸中心的距离、内部的交通条件、自然环境、该区的城市规划要求、人口状况、社区文化等。微观区位分析能比较出同一城市内不同区段的区位条件差异。

2)不同类型的开发项目,对区位的要求是有区别的。例如,住宅开发项目的区位选择偏重于交通通达度、购物方便程度,环境质量等方面;工业及仓储项目的区位选择侧重于交通条件、基础设施条件、工业集聚条件及规划限制和环境保护限制等方面;而商业开发项目的区位选择偏重于交通通达度、人口流量及购买力、与现有商业及店铺的关系、可能的服务半径等方面;写字楼项目区位选择的重点在于交通通达度、环境质量、与商业服务设施及其他写字楼及商贸金融中心的关系等。由此可见,相同的区位条件对不同的开发项目所产生的影响是不同的,因此,在进行分析时,必须做到具体项目具体分析。

3)留意区位效应的问题。所谓"区位效应"通常是指附近已建成的房地产项目对将建项目的支持或排斥效应。譬如,即将兴建餐饮业的地块贴邻的房产为购物中心,则该项目建成后预计可获得较好的投资回报;而若即将兴建住宅楼的地块靠近化工厂,则该项目的投资风险相对就会较大;当然还有其他的例子。事实上,由于历史的原因或经济活动的要求,各城市一般都会产生各功能区的划分(这其中有很大部分是区位效应的功劳)。譬如北京市的各个区就各有特色:东、西城区居于市中心区,商贸、金融、写字楼集中于此;海淀区处于西北郊,大专院校和科研单位云集,成为教育文化区和科技开发区;朝阳区则为工业企业集中的地区和使馆区。由于城市内不同的地区已逐渐形成了自己的特点和土地位置,因而在进行地块的区位分析时,就必须将该区已形成的功能、特点等结合在一起来考虑。

4)用动态的眼光来看待地块的区位条件。地段的区位条件不是永远不变的,它会随着城市基础设施的建设、城市远景规划的制定和实施以及国家政策的地区倾斜等因素而发生具大的变化。当某一地区的区位条件向好的方向发生变化时,该地区上的地块及其地上物业都会产生较大的升值。地块及其开发项目有否升值潜力,是开发商最为关注的问题,地产经纪人必须对此作出准确的判断。当然,要判断一块地皮是否具有升值潜力并非易事,地产经纪人必须作艰辛的调查研究,全面了解城市发展规划、人口发展趋势、国家发展策略等相关问题,精心细致地做好分析工作,同时还应具备较强的判断力及职业上的敏感性。

(二)对市场情况的调查与分析

对市场情况的调查与分析,主要侧重在两个方面:

1. 对项目供求状况的调查与分析

项目所处地区对同类物业的需求情况及同类物业的供给情况影响着地块开发后的投资效益,例如,若市场已经饱和,则形势就不容乐观。由于土地开发一般均需经历一个较长的阶段,因而,对项目供求状况的分析,关键就在于对土地拟开发项目未来供求趋势的预测上。经纪人对供求态势的把握需依赖于某些数据资料,如:最近几年该地区同类物业的新增面积及预计今后每年的新增面积；该地区同类物业的销售率、空置率、租金水平（对于商业用房、工业用房等一类项目，还应了解其相应的销售额、产值、利润等指标的数值）；以及该地区居民的收入水平等等。除此之外，经纪人还应了解市场上同类项目的售价、成本等情况，以便于更准确地匡算开发成本和开发利润，使将来在确定报价时做到心中有数。

2. 对项目竞争环境的调查与分析

对于竞争，大多数人通常只看到它不利的一面。事实上，对于地产投资来讲，适度的竞争有时甚至是必需的。在一个街区，如果某一类物业的竞争过于激烈，无疑是有较强的杀伤力，但如果一个物业完全没有竞争也不一定是件好事，譬如一个装修豪华的商业大厦孤零零地建在一四周无大型商业群楼与之相辅相成的地段，虽无竞争，但因缺乏规模优势，难以吸引广泛的消费群体，最终也难以形成一枝独秀的局面。经纪人在评价竞争对投资效益的影响时应客观地对待其正反两面的作用。

对上述两项内容进行分析的目的，归根到底就是要通过对现有情况的把握，来预测地块投入开发后的未来结果。这种预测，难度很大，因而它要求经纪人具有渊溥的专业知识、丰富的实际经验、敏锐的眼光和准确的判断力。此外，它还要求经纪人在进行分析时，注意做到全面、客观和真实。即：能善于收集资料和充分利用资料，对于所有可能对开发项目产生影响的有利及不利因素，经纪人均应考虑周全，并客观地、如实地指明各因素对将建项目可能产生的影响；分析报告应力求深浅恰当，并尽量利用真实可靠的数据以增加其可信的程度。

（三）对竞争对手的调查与分析

此处所说的竞争对手，是指参与竞投土地使用权的其他开发商。对于这些竞争对手，要调查的内容主要包括：有哪些竞争者；他们的规模及信誉、技术水平及管理水平；他们与己方相比有哪些优势和劣势；他们现有的开发项目情况；过去投标报价和中标情况等等。对竞争对手了解得越透彻，就越能做到知己知彼，在竞投中稳操胜券。

二、投资项目的综合评估

该项工作的主要内容和程序是：

1. 根据土地使用权出让合同的土地使用条件、使用年限以及规划设计要点，拟定若干投资方案。

2. 通过对地价、土建费用、资金利息等开发成本的估计及对市场行情的预测，测算各投资方案的预期效益并进行方案的选择。

3. 进行方案的风险评价。

4. 结合方案的风险因素，确定为取得预期收益而可支付的最高地价极限，并测定地价变动对项目投资效益的影响。

至于具体的技术操作方法，请参阅本书的第六章与第七章。

三、投标报价策略的制定

从表面上看，拍卖出让是不同于招标出让的一种土地使用权出让方式，但从实质上看，拍卖出让只不过是一种公开的招标方式，它与招标出让并无本质上的不同。所以无论政府以何种方式出让土地，开发商或经纪人在进行投标报价时，对有关问题的处理大致相同。在本节中,关于投标策略的确定及关于报价的确定我们均以招标出让为主要对象来进行讨论。

地产经纪人应协助开发商选择合适的投标报价策略。报价的关键在于平衡中标率和利润率之间的关系,报价策略的决定则取决于地块(开发项目)对开发商的吸引力以及对手与己方的实力对比状况。

土地投标报价策略主要有三种:

(1) 高标策略。即以较高的报价来换取较高的中标率。当项目对开发商的吸引力较大时,开发商求中标之心比较迫切,因而他会报出较高的标价,舍弃高利润而求高中标率。通常该报价会因开发商对竞争对手实力的不同估计而有所不同,一般来讲,开发商对对手的估计愈高,则其报价会愈高。

(2) 低标策略。即报价相对较低,此时中标机会不大,但一旦中标,会为开发商带来较高利润。在两种情况下开发商会采取此策略:一是项目对开发商来讲无关重要,不中标无伤大雅,中标则可为自己带来较高利润;二是无竞争对手或对手实力相对较弱。

(3) "先亏后盈"策略。采用此策略的开发商一般志在必得,在与竞争对手相比并无绝对优势的情况下,他会不惜报出令自身无利可图甚至会导致亏损的极高的标价,以达到优先占领市场继而拓展市场的目的。虽然中标后,开发商在该项目的开发中可能会亏损,但占领市场后陆续而来的项目则可能会为其带来极其可观的利润。

投标报价策略确定后,地产经纪人就应该协助开发商确定报价或为开发商提出报价建议。土地报价的确定通常需要经历两个阶段,第一个阶段是评估土地价格,第二个阶段是确定正式报价。土地价格的评估可由开发商委托土地评估机构代为办理,也可由经纪人协助开发商自行完成。在后一种情况下,经纪人必须遵循土地评估的基本原则,熟悉影响土地价格的因素,并合理选择一种或综合几种方法评估出土地的价格,力求评估的结果准确可行。但土地的评估价不等于土地的正式报价,所以在第二个阶段,经纪人还应协助开发商根据已选定的投标报价策略对土地的评估价格进行调整,通过对市场、竞争对手及开发商自身经营目标等因素的综合考虑,最终确定出为获得地块的使用权而愿意支付的土地价格,并将该报价正式填写在土地使用权投标书中。

四、实 例

以下有一实例可以说明地产经纪人在土地投标报价过程中所起的作用。

1988年8月8日,上海虹桥开发区第26号地块进行招标出让,日本孙氏公司一举中标。代理孙氏企业投标的是香港一家地产咨询服务公司——文华行。文华行接受委托后,代理孙氏公司做了如下的工作:

1. 充分调查研究,并对投资项目进行决策。

首先,文华行对土地的基本情况如土地的规划条件、用途、面积等作了全面的了解。其次,通过对市场情况的调查,对投资项目进行决策。出让地块的规划用途是商住,开发商应利用该地块兴建高级宾馆、酒店,还是兴建高级公寓?为此,文华行对上海高级宾馆及高级公寓的供求趋势作了调查预测,结果表明:(1) 每年到上海的海外游客数量年递增率约110%,而高级宾馆、酒店的客房年增长率约130%,到1990年客房量将增加到2万间。1987年客房入住率为75%,今后随着几家大型高级宾馆、酒店建设投入服务,客房入住率将走下降趋势。(2) 1984年到1987年,外商在上海注册登记设立办事处或分公司,每年以

77%的幅度递增,到1990年底,可望增加到3000家左右。这些机构的高级职员,均希望能租到或买到高级公寓住房,而且目前上海能提供的数量较少。另外,外国驻上海领事和商务代办处的长期驻沪人员,近几年以每年26%的幅度递增。1988年初包括家属在内约4000人左右,到1990年,可望增加到8000人左右。(3)上海市侨眷、归侨以及华侨亲属共60多万人,今后还会有人从台湾或其他地区来沪定居,他们也会对高级公寓提出要求。根据以上数据,文华行排除了兴建高级宾馆的选择,拟定了兴建高级公寓的投标方案。

2. 评估地块价格。

文华行采用国际上较为流行的地价计算方法——剩余法来评估地价,即:地价＝楼宇价格－楼宇建造成本－利息－利润。文华行通过对国内各主要城市高级住宅的出租出售价格的调查,并结合上海高级公寓供不应求的情况,测算出孙氏公司若夺标兴建高级公寓,其建成后的卖价不会低于每平方英尺1000港元。同时还测算出兴建高级公寓的单位面积造价,如由国内建筑公司承包,每平方英尺的建筑成本可控制在500港元以内。由此,文华行评估出让地块的楼面地价为:1000(楼宇售价)－500(楼宇造价)－300(利息、利润)＝300(港元/平方英尺建筑面积)

3. 为孙氏公司提出投标报价建议

文华行最后提出的报价建议是:由于虹桥开发区第26号地块容积率是5,每平方米的土地单价应为:$300 \times 5 \times 10.764 = 16146$(港元/平方米土地面积)(1平方米＝10.764平方英尺)。孙氏企业采纳了文华行建议的报价进行投标,并一举中标。孙氏企业认为,出这个地价是合理的,并对日后开发投资盈利表示乐观。

第三节 土地二级市场之地产经纪实务

土地二级市场是指土地使用权在土地使用者之间横向转让的市场。按照现行有关法律的规定,以下情形均可被视为土地使用权的转让:(1)出售、交换、赠与土地使用权;(2)土地使用权因地上建筑物出售、交换、赠与而发生转移;(3)以土地使用权为条件,与他人合作建房或经营房地产;(4)以土地使用权和房屋所有权作价入股,与他人合资、合作或联营;(5)以土地使用权及其地上建筑物出租经营;(6)以土地使用权及其地上建筑物清偿债务;(7)法律法规规定的其他情形。本节将对其中常见的几种情形的经纪运作实务作一些简要的介绍。

一、地产转让之经纪运作

在土地二级市场上,地产经纪人开展业务的程序包括如下四个环节:接受委托——中介周旋——代办手续——收取佣金。

(一)接受委托

地产经纪人可接受国内各企事业单位、集体或私营企业以及外商的委托,代为寻找地皮或代找地皮买主。在这一阶段,经纪人同样需对委托主体(委托者身份)及委托客体(主要是转让地皮之交易条件)进行审查,在确认其符合地产交易有关法规政策的规定后,方可接受其委托。同时,经纪人应与委托者签订委托合同,以确保自己的权益。

(二)中介周旋

地产经纪人要成功地促成一宗地产交易，必须在手头上有代理的地块或地块信息、有地块买主或买主信息，但经纪人并非简单地将地块推向买主便大功告成。在地产转让的中介活动中，地产经纪人应处理好如下两个关键性的问题：第一，向土地购置者推介的地块必须符合其投资开发目的。为此，经纪人应向地产购置者提供所推介地块的详尽的调查分析资料，为其评价地块的各项因素是否有有利于既定的开发项目，预测地块的升值潜力，使土地购置者能作出正确的购置决策。第二，努力使交易双方在地价问题上达成一致的协议。地价往往是交易双方最为敏感的问题，地产经纪人对于所代理的地块，应根据地块的具体情况，通过对地价的构成因素及市场因素的分析与测算，在符合国家有关土地交易价格政策的前提下，预先在心中估计一个较为合理的价钱。当交易双方在地价条件上的差异较大时，经纪人应从中协调，使双方作出让步，最终成交。当然，在交易双方认为有必要时，经纪人也可代为联络地产评估师评定交易地块的价格。

在交易双方对具体细节进行磋商并达成一致协议后，经纪人还应协助双方签订土地使用权转让合同及办理合同的公证。

（三）代办手续

地产经纪人若受委托人委托，可为其办理土地过户登记，领取土地使用权证书。此时，经纪人必须持有合法的代理证明文件，并依法定程序到土地主管部门办理有关手续。

（四）收取佣金

经纪人完成委托事项，即可按委托合同之约定收取佣金。

二、为土地使用权人寻找合作伙伴之经纪运作

依法取得的土地使用权，可以依照有关法规政策的规定，与他人合资合作经营房地产开发项目。在我国，以土地出资与他人合作开发经营房地产的方式主要有两种：一种是一方出地、一方出资或一方出地双方或多方出资合作开发经营房地产，合作各方对建成的房地产进行产权分成；另一种是土地持有人以土地入股，合作开发经营房地产后进行利润分成。在后一种情况下，土地持有人与出资人也可按一定的程序组成合作公司，经审批申领营业执照后，再合作经营特定的房地产开发项目。以上两种合资、合作行为是土地使用权转让的一种特殊方式。地产经纪人在为合作的双方作中介时，其经纪运作程序与上述土地转让之中介程序基本相同，但有以下几个问题需特别注意：

（1）经纪人为地块持有者寻找的合作者必须符合一定的条件。按现时的规定，出资人应该为有营业执照的房地产开发公司，没有房地产开发权的单位不得作为出资方与他人合作建房。

（2）合作双方或多方达成协议时，需签订合作建房合同，办理公证。如合作双方拟组成合作公司的，需签订合作公司合同，撰写公司章程，报建委审批并办理申报技术资质审查手续，向工商行政管理部门申请登记，领取营业执照。

（3）合作双方或多方签订合作建房合同或合作公司合同后，需凭合同履行土地转让的有关手续，包括办理变更登记、换领土地使用权证等。

三、地产出租之经纪运作

土地使用权出租目前在我国并不象土地使用权转让那样普遍，它一般仅限于在工业仓

储区的范围内开展。地产经纪人在接受土地使用权出租委托后,其开展业务的程序与地产转让之经纪运作程序基本相同,只是在某些具体细节上略有差异。地产经纪人应注意如下的问题:

(1) 土地使用权的出租也需满足一定的条件。

(2) 土地使用权出租与土地使用权转让有一根本性的区别,就是土地使用权出租后,出租人仍继续履行土地使用权出让合同,与国家保持土地使用权之让、受关系,承租人承租后,并不因此与国家发生土地使用权关系。在租赁期届满后,出租人有权收回土地使用权。

(3) 根据房地统一的原则,土地使用权出租时,其地上建筑物也随之出租。

(4) 土地使用权出租时,双方当事人应签订土地使用权出租合同,并由出租人到土地管理部门办理土地使用权出租登记。

四、地产抵押之经纪运作

本教材第三章第五节曾详述房地产抵押的经纪运作实务,彼处所介绍的房地产抵押,实际上是以房产抵押(当然其房屋使用范围内的土地使用权也随之抵押)为主。而此处所讨论的土地使用权抵押,在现实生活中通常是指在开发商依法取得土地使用权之后,为支付地价款或为筹措该地块的开发建设资金而用依法取得的土地使用权设定抵押权以获取贷款的行为。

土地使用权抵押的程序、经纪人所起的作用及运作上的有关要点与第三章第五节所述内容基本相同。较为特殊的地方主要有以下几点,地产经纪人应倍加留意:

(1) 以出让方式取得的土地使用权,方可设定抵押。以划拨方式取得的土地使用权,必须在土地使用权人与政府土地管理部门签订了土地使用权出让合同,并补交土地使用权出让金之后,方可设定抵押权。若直接以未补办有关土地使用权出让手续的划拨土地设定抵押,则抵押权人在处分抵押物后,应按规定从处分所得的价款中缴纳相当于应缴纳的土地使用权出让金的款额后,方可优先受偿。

(2) 土地使用权抵押时,其原有的地上建筑物也随之抵押,但土地使用权抵押后,土地上新增的房屋不属抵押财产。处分抵押物时,土地上之新增房屋可一并处分,但处分新增房屋所得的价款,抵押权人无权优先受偿。

(3) 抵押双方当事人是凭《国有土地使用证书》办理土地使用权抵押登记。

五、地上建筑物建成后租、售之经纪运作

地上建筑物建成后租、售之经纪运作,在第三章已作详细介绍。此处有必要强调的是,地上建筑物出售或出租时,其使用范围内的土地使用权也随之转让或出租。因此在为房屋租、售作中介时,除注意房屋产权是否合法外,还应留意土地使用权来源是否合法,是否符合转让或出租之条件。

第四节 地产经纪人应知

一、土地使用权转让的条件

按照现时的规定,土地使用权转让必须符合一定的条件,经纪人在为以上任一情形作

中介时,都应当在确认其已满足条件后,方可开展以后的运作。这些条件主要包括:

(1) 通过出让方式获得土地使用权,已签订土地出让合同,支付全部地价款。

(2) 持有土地使用权证书。

(3) 按出让合同规定的条件和期限进行投资开发,属于房屋建设工程的完成开发投资总额(不含地价款)的25%以上,属于成片开发土地的需形成工业用地或其他建设用地条件。

(4) 若转让房地产时房屋已经建成的,应当持有房屋所有权证。

以划拨方式取得的土地使用权,在经市、县人民政府土地管理部门和房地产管理部门批准,并补办土地使用权出让手续,签订土地使用权出让合同,补交出让金或以转让、出租、抵押所获收益抵交土地使用权出让金后,方可转让。

受减免地价款优惠的土地使用权人要转让土地使用权时,也必须报经土地管理部门批准,否则转让行为无效。

二、土地使用权出让合同、转让合同及出租合同

1. 土地使用权出让合同

土地使用权出让时,土地出让方与受让方应签订土地使用权出让合同。土地使用权出让合同是国有土地所有者与土地使用权人就土地使用权及由此产生的利益而达成的明确相互间权利义务关系的书面协议。

土地使用权出让合同应使用规范的文本,规范文本的格式由国家土地管理局和国家工商行政管理局联合发出的《关于发布国有土地使用权出让合同和外商投资企业土地使用合同示范文本的通知》中的有关规定统一确定。根据该示范文本,土地使用权出让合同可分为三种类型:

(1) 宗地出让合同,是市、县人民政府土地管理部门出让某一宗地的国有土地使用权,而与土地使用者签订的有关双方权利义务的合同。

(2) 成片开发土地出让合同,是市、县人民政府土地管理部门,将国有土地使用权出让给外商,与外商签订的投资从事开发经营成片土地的权利义务的合同。

(3) 划拨土地使用权补办出让合同,是划拨土地使用权和地上建筑物、其他附着物所有权因转让、出租、抵押,市、县人民政府需与土地使用者补签的土地使用权出让合同。

各种土地使用权出让合同,在格式上虽有差异,但大都包括以下的主要内容:

(1) 土地使用权出让合同中的让、受双方当事人;

(2) 出让土地的基本情况,包括土地编号、面积、位置与范围、土地规划和用途以及所附的地块详图等。此外必须附有《土地使用条件》这一重要的合同附件,以对土地的利用、规划等方面给予限制;

(3) 出让金的数额、支付方式和支付期限;

(4) 土地使用期限;

(5) 违约责任;

(6) 仲裁和诉讼;

(7) 其他有关条款。

土地使用权出让合同的条款一般由政府的土地管理部门拟定，受让人与之协商的余地并不大，如土地使用条件、使用年限、建设目的等条款都是不可变更的。受让人经过对合同条款作深入的研究后，只可作出接受或不接受的决定。若基本同意合同的条款，则受让双方在较小的范围内对某些可变更的条款进行磋商并达成一致的协议之后，便可签署合同。土地使用权出让合同一经签订并生效后，双方就必须履行各自的权利和义务，出让合同的变更和解除都必须依法定的程序加以处理。

地产经纪人在土地一级市场为开发商提供服务时，对出让合同的了解和熟悉是相当重要的。在政府以招标或拍卖方式出让土地使用权时，土地使用权出让合同通常会作为招标或拍卖文件的一部分派发给开发商。经纪人需通过对合同有关条款如土地使用条件、使用年限、价款的支付方式及期限等的研究，来测算投资收益，协助开发商作出参与或不参与土地竞投的决择，并据此确定投标或拍卖竞投策略。

即使是为土地使用权转让作中介，经纪人也必须熟悉出让合同。因为土地使用权出让合同是订立转让合同的前提条件，并对转让合同有重大的制约作用。转让合同的内容必须符合出让合同的规定，必须包括出让合同和登记文件中所载明的权利、义务。从这一意义上可以说，转让合同是出让合同的分合同。

2. 土地使用权转让合同

土地使用权转让合同是转让双方当事人订立的设立、变更、终止土地使用权转让法律关系的书面协议。订立土地使用权转让合同应以平等、自愿、等价有偿和诚实信用为原则。因为土地使用权转让区别于土地使用权出让，前者是横向的民事主体之间的一种民事关系，而后者则是反映纵向的经济关系。土地使用权转让合同，必须以土地使用权出让合同为前提。土地使用权无论转让几次，新的土地使用者与国家土地管理部门就土地使用的权利义务仍不变，仍以土地使用权出让合同为准，只是受让人的义务从一个人身上转移到另一个人身上。新的土地使用权受让人除履行土地使用权出让合同中规定的义务外，还应履行转让合同中所规定的一些新的权利义务内容，如必须支付土地使用权转让的价款及支付方式和违约责任等一些基本条款。土地使用权转让合同一般包括以下条款：

（1）主体条款，即列明合同当事人的说明性条款；

（2）标的条款，即被转让土地使用权地块的面积、位置、用途、规划要求等；

（3）价金条款，即列明转让金的数额、币种及付款方式；

（4）使用期限条款；

（5）违约责任条款；

（6）解决争议条款；

（7）其他条款。

3. 土地使用权出租合同

土地使用权出租合同是取得土地使用权的民事主体作为出租人将土地使用权随同地上建筑物和其他附着物一并交给承租人使用，承租人向出租人支付租金并在租赁关系终止时返还承租土地的书面协议。土地使用权出租合同一般包括以下条款：

（1）标的条款，即列明土地的位置、四至、面积、使用条件，其中土地使用条件是以土地出让合同中规定的为准，不得擅自改变；

（2）租金条款；

(3) 租期条款；

(4) 租赁双方的权利义务条款；

(5) 违约责任条款；

(6) 仲裁条款。

值得注意的是，无论是土地使用权出让合同的原受让人还是转让合同的再受让人及出租合同的承租人，都不得擅自改变土地的用途。如确需改变，必须征得原出让方即土地管理部门及市、县人民政府规划行政主管部门的同意或批准，并由土地管理部门与土地使用者签订土地使用权出让合同变更协议或者重新签订土地使用权出让合同，调整土地使用权出让年限及出让金，同时对出让合同的附件《土地使用条件》的相应内容重新约定或调整。

三、土地使用年限

国家对于不同用途的土地，规定着不同的出让年限。按照《中华人民共和国城镇国有土地使用权出让和转让暂行条例》的规定，土地使用权出让最高年限按下列用途确定：

(1) 居住用地 70 年；

(2) 工业用地 50 年；

(3) 教育、科技、文化、卫生、体育用地 50 年；

(4) 商业、旅游、娱乐用地 40 年；

(5) 综合或者其他用地 50 年。

土地使用权出让年限必须在土地使用权出让合同中注明。土地使用权转让时，其使用年限为土地使用权出让合同规定的使用年限减去原土地使用者已使用年限后的剩余年限。土地使用权出租时，最长租期也不得超过上述的剩余年限。

四、土地使用权登记程序

按照现行的制度，土地使用权登记按时间划分可分为初始土地登记及变更土地登记。初始登记是指在一定的时间内，对辖区内全部土地进行的普遍登记。由于我国目前很多地区尚未进行过初始登记，所以对于以出让、转让方式取得的国有土地使用权进行登记发证的工作而言，实际上也是一种初始登记。变更登记是在初始土地登记的基础上根据所有者、使用者的土地权属及主要用途变更的情况随时办理的登记。土地变更的具体内容主要包括：使用户名变更、用途变更、经界变更、使用期限变更等。

按照《城市房地产管理法》的规定，接受和审查土地使用权人登记申请并负责登记的机关是申请登记的土地所在地的县级以上地方人民政府的土地管理部门，颁发国有土地使用权证书的机关是负责登记的土地管理部门的同级人民政府。在登记程序上，土地初始登记和变更登记的主要过程基本是一样的，主要包括申请、审核、发证几个阶段（详见图4-5）。

除上述内容外，还有一重要的内容——地产价格，也是地产经纪人必须熟悉的，该内容包括地价构成、影响地价的因素、地价的测定与评估方法等。鉴于要维护本教材的系统性，故将该部分内容放至第七章"房地产价格评估"中讲述。

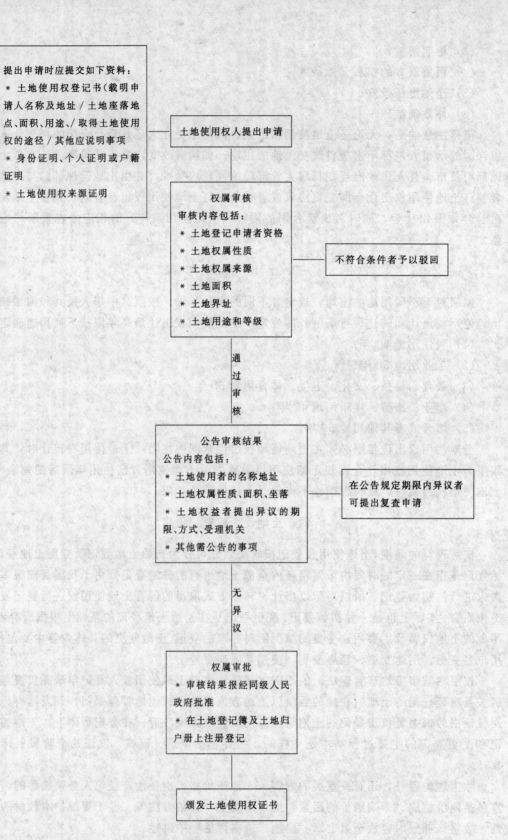

图 4-5 土地使用权登记程序

思 考 题

1. 为什么地产经纪人在土地市场上开展经纪业务时必须对地块进行调查与分析？地块调查与分析的主要内容是什么？

2. 土地投标报价策略有哪几种类型，它们各有什么特点？

3. 试述地产经纪人在土地二级市场上开展经纪业务时的经纪运作程序。

4. 根据现行的制度，土地使用权转让应具备哪些条件？

第五章 房地产营销策划实务

房地产市场竞争的日趋激烈，使得房地产营销策划愈来愈受到开发商们的重视，而众多的房地产专业代理公司也将会愈来愈多地成为了开发商们在营销活动中的得力助手和顾问，他们除了制定并实施具体的促销推广计划外，在选定目标市场、进行项目定位等方面更为开发商提供有效的建议，以协助开发商完成整体性的营销活动，实现经营的目的。

第一节 房地产营销策划概述

一、房地产市场营销的含义

所谓房地产市场营销，是指房地产企业通过市场交易导致满足人们对各类房地产商品及劳务的需求，并获取相应利润的综合性经营推销活动。这一概念实际上包含了以下三重含义：

（1）房地产市场营销的目的是满足消费者对房地产商品及劳务的需求。此处所说的需求，不仅仅指消费者的现实需求，还包括消费者的潜在需求。在房地产市场营销中，通过市场调研，不断发现消费者的潜在需求，不断开发适销对路的新型房地产商品，不断开拓新市场，对于房地产企业在激烈的市场竞争中，适应多变的市场环境，巩固和提高市场占有率，求得生存和发展有着更为重要和积极的意义。

（2）房地产市场营销的中心是达成市场交易。因为只有通过市场营销活动，才能使买卖双方都获得满足，才能使房地产商品源源不断地从生产领域到达消费领域。可见房地产市场营销活动的中心就是达成市场交易。

（3）房地产市场营销的手段是综合性的经营推销活动。房地产市场营销并不仅限于将建成的物业传递到消费者手中这一流通领域，它上延至房地产开发的前期，下延至消费领域的售后服务。也就是说，整个经营推销活动自始至终地贯穿于房地产的开发领域、流通领域和消费领域，包括进行市场调研，了解消费者的需要；选定目标市场，进行物业类型定位、建筑风格设计；进行项目开发和建设；进行定价、促销并为消费者提供优质的售后服务；最后还要进行售后信息反馈，了解消费者的意见和要求。以上活动的总体便是房地产市场营销手段。

值得注意的是，房地产市场营销与房地产商品推销基本上是两个不同的概念。推销的目的是将开发商开发的物业抛售给顾客，以达到满足其将产品变成现金的需要，它讲究的是"以产定销"，只要将推出的新楼盘卖出去，一切便大功告成，对于楼盘是否满足市场的需要、是否符合用户的要求则甚少考虑。而营销却以市场需求为导向，讲究的是"以销定产"，即将顾客的需求和欲望作为营销活动的起点，开发和销售能满足顾客需要的项目，并在满足消费者需要的基础上取得企业的利润。

二、房地产营销策划的含义

房地产营销策划是指在房地产市场营销活动中,为实现目标市场的营销目的,制定并选择一系列有利于销售的策略、计划与方案的综合性过程。

正因为营销与推销的不同,使得房地产的营销策划并不简单地等同于某一楼盘的促销或推广策划。现时有不少开发公司和中介代理公司都拥有一定数量的策划高手及售楼高手,但纵观他们的策划个案及操作行为,可以发现他们通常只在如何推销楼盘、如何勾引甚至蒙蔽顾客以完成其销售计划等方面做文章。这样一种策划及操作,就一个楼盘来讲可能是成功的,但就长期的经营而言,则必然是彻底的失败。事实上,一个成功的营销策划是自房地产投资决策之时就已开始,一直到整个投资项目销售工作完毕才结束的,也就是说,开发商在项目谈判之时就应该研究、发现市场需要,并以此指导项目的定位、设计、施工、销售以及售后服务等各个环节。因此,一个完整的营销策划实际上包括了选定目标市场、进行项目策划和市场促销推广策划等三大内容。而这三者都是在详尽、周密的市场调查与研究的基础上展开的。

三、房地产经纪人在营销策划中的作用

作为代理商的房地产经纪人是房地产营销最后一个环节——促销推广环节的主要策划者和操作者,与此同时,经纪人还极有必要介入主要由开发商负责的房地产营销的前期策划工作。事实上,经纪人对营销活动的愈早介入,就愈有利于整体营销目标的实现。这是因为:首先,与开发商相比,经纪人有更多的渠道去获取市场需求变化的信息,了解消费者心理变化的趋势,所以对于应选择何种目标市场、应开发怎样的产品以满足消费者的需要等问题,经纪人往往能提出更切合实际的意见或见解。其次,营销行为是一个整体性的行为,在整个营销过程中,营销方针、营销策略、营销方案的制定与实施的是否一致,直接影响着营销活动的最终结果。营销的各个环节是一环紧扣一环的,前面任何一个环节的微小失误,都可能会对后面环节的成败产生极为严重的不良影响。例如,产品定位错误,项目策划的结果不受消费者欢迎,则无论后面的宣传促销工作做得如何的好,都无法扭转前期失误所造成的逆势。所以经纪人为了保证促销推广的最终成功,往往也会自觉地参与前期的策划工作。而在现实中,对于许多大型的项目,开发商也并非等到整个项目完全开发完成时才找经纪人进行推介,大多数情况下,在项目策划时,开发商就已与经纪人签订了委托合同,而经纪人的宣传促销工作也同步开始。这也就为经纪人参与前期策划工作提供了现实可能性。

第二节 房地产经纪人对营销策划的早期介入

一、对目标市场选择的介入

房地产开发商在房地产项目投资的前期就必须选择好自己的目标市场。目标市场的确定是在房地产市场细分的基础上进行的。房地产整体市场可被需要与欲望不同的消费者群体分割成若干子市场,如住宅市场就可被细分成以工薪一族为顾客主体的普通住宅市场

和以较高收入人士为顾客主体的高尚豪华型住宅市场。目标市场的确定就是指企业通过市场细分，把整体市场各个子市场一个个细分出来，然后结合自身的实力，选择某些子市场作为自己的营销对象的行为。例如，广州国际信托投资公司通过市场调查，细分住宅需求，发现因价值观念与生活方式的不同，使得愈来愈多的现代都市人愿意摈弃那种三世同堂的居住方式，许多老人都渴望能在一个有益于身心健康的地方安享晚年。这是一个市场机会，该公司抓住了这一市场机会，开发了全国首个为离退休者量身定做的大型老人屋村——广信普晖村。据了解，目前前去购房者除老人外，还有不少是孝敬父母的年轻人。

目标市场的选择主要取决于两个因素，一是各个细分市场的吸引力，二是开发商的实力。为此，一方面开发商必须进行市场调查，了解市场需求的大小，一般情况下，市场需求愈大，吸引力也愈大。另一方面开发商也需考虑自身的资源实力状况，即考虑以企业现有的财力、人力、物力和技术力量，能否顺利进入该有吸引力的市场，能否和该市场中已存在的竞争者抗衡。例如，广州市粤信房地产开发公司，是广州房地产界的一支新军，在最初选择目标市场时，他们考虑到：虽然广州市市中心的楼盘较为畅销，但他们并没有足够的实力去搞老城区的改造，也没有能力与一些实力雄厚的老开发企业进行竞争，所以他们决定放弃这一市场，将目光移到老城区的外围，经过充分的调查与研究，他们发现老城区外围的周边物业，售价仅在4000元左右，这个价格水平为较多的小个体工商户、月薪二三千元的工薪阶层所接受，他们认为这个市场对企业而言极具吸引力，更为重要的是，企业的实力状况也适宜于开发这一市场，于是，他们选择了这个市场作为他们的目标市场，并在1994年因首个开发的康怡花园取得成功而打响头炮，他们最近开发的粤信广场同样大受消费者的欢迎，即使在房地产市道低迷的情况下也获得了骄人的成绩。

房地产经纪人对目标市场选择过程的介入通常体现在他们为开发商所作的市场研究与分析上，经纪人在市场中的位置，使得他们能更及时地掌握市场需求变动情况及市场消费心理变化趋势，更善于寻找市场消费缺口，因此他们的市场调研结论或建议往往能使开发商把握到更好的市场机会。即便是经纪人并不直接介入开发商选择目标市场的过程，他们也应该对开发商选择目标市场的意图及所选定目标市场的特点有所了解。因为在接下来代理商可能需要直接参与的项目策划与促销推广策划中，各种具体的策略与方案就是依据不同的目标市场的需求特点和要求而制定。例如，开发商的目标市场是老人住宅，则在项目策划时就应针对老人健康休闲的需求考虑配备相应的配套设施；在促销推广策划中，也应针对老人这一消费群体的特点制定相应的方案，以锁住这一特定的消费对象。

目标市场的确定是整个营销活动的首要环节。只有选择好目标市场，开发商才能根据目标市场自身的特殊性，准确地进行物业类型定位，以使其开发的项目更容易地进入目标市场；才能规划出相应的营销方案，以保证营销方案的有效实施。市场营销的各个环节实际上都是围绕着特定的目标市场而展开的，脱离某个具体的目标市场，开发商无法进行开发项目的策划，代理商也无法制定一个行之有效的宣传促销方案。

二、对房地产项目策划的介入

简单地说，房地产项目策划是指房地产开发商对开发什么样的产品去满足消费者的需要进行研究与决策的过程。它包括物业类型定位、建筑风格定型、套型比例定格、配套设施定档以及物业定名等若干内容。

房地产项目策划的中心环节是进行物业类型定位。物业类型定位实际上是开发企业根据顾客对物业的某种类型及其特性的重视程度，给自己的项目确定一个市场位置的决策过程。例如开发商可将其物业定位为"高档次现代化办公楼"、或"花园别墅式住宅"、或"解困安居平价住宅"等等。项目策划的其他工作内容均是物业类型定位业务的延伸，它们围绕着物业类型定位而开展。

房地产项目策划的关键是充分运用产品差异化策略，培育项目特色。房地产项目策划的最终目的就是要为自己开发的项目培育一定的特色，树立一定的市场形象，以满足目标顾客某一方面的需要和偏好。因此房地产项目策划首先就是要使开发的物业在物业类型、小区布局、设施配备、房屋式样、内部结构、室内平面设计与装修、甚至工程质量等方面具有强烈的个体特色，以吸引相应的消费者群体。项目特色的培育，往往是与开发企业的经营目标直接相关的。例如，企业的经营目标是树立企业形象，则进行策划时通常会为其项目培育出或高质、或时尚、或豪华等特色。这些项目虽然可能会因市场有限且需花费较大的投资而使短期效益不甚理想，但当企业因其不断创造的"名牌产品"而在市场中建立"口碑"之后，将会为企业带来不可估量的长远效益。如台湾杨升建设公司长期以来就是以开发高级办公大楼面闻名于全台湾，其"高档次、现代化办公大楼"的产品特色已在消费者头脑中印下了深刻的印象，因此，即使是在房地产市场不景气的情况下，杨升公司推出的办公楼仍然受到特别青睐，很快就能被销售一空。当然，如果企业的经营目标是以最少的投资获取收益的话，则其项目特色的培育就极可能需建立在迎合普通大众的消费心理的基础上，这样才可保证项目能尽快打开市场，迅速回收资金以启动其他项目。

房地产项目策划必须以充分的市场调研为基础，只有适应消费者消费趋势的项目策划，才是成功的策划。例如，了解到社会上单身人士及小型家庭有日益增长的趋势，则在确定套型比例时，适当增加一定比例的小户型单位，可能会使物业更受欢迎；考虑到现代家庭已基本普及消毒碗柜，电冰箱也已由装饰品变为耐用品从厅堂移入厨房，则厨房设计除了要预留抽油烟机、电饭煲的位置外，还应预留电冰箱、消毒碗柜的位置。考虑周全的厨房设计往往能使家庭主妇心动，从而促使丈夫作出购买决定。

房地产经纪人虽不是项目策划的主角，但很多时候，他们为项目策划所提供的意见往往能促使项目更成功地进入市场，使整体营销活动更顺利地开展。例如，广州经纬房产咨询有限公司在1995年12月初正式成为广州英华地产实业有限公司的晓港湾楼盘的代理商，在承接该项业务之始，经纬公司就建议发展商在小区规划中增加会所、游泳池、网球场及绿化公园等配套，以提高楼盘的档次及独特性。到1996年4月，经纬公司在前期销售已取得较好成绩的前提下，又建议开发商推出二三十平方米的小型单位，再次将晓港湾的销售推至另一高峰。晓港湾的每期销售均获得较好的成绩，在1996年广州市国土房管局举办的平价房展销会中，更以五天售出113套的成绩成为销量总冠军。这成绩的取得在一定程度上应归功于能把握市场形势、摸准买家心理的精心的项目策划，当然代理商在项目策划中的合理建议也功不可抹。

第三节　房地产促销策划

房地产促销是指把房地产产品向消费者进行报道、说服，促进和影响人们的购买行为和消费方式，并为最终争取顾客和赢得市场而进行的各种活动。房地产促销策划实际上就是促销者为保证促销的成功，针对促销的各个阶段而进行计划、部署，并制定一系列策略的过程。促销策划的内容大致包括：制定销售渠道策略、价格策略以及促销方案。

一、制定销售渠道策略

商品销售渠道是指商品由生产者向消费者转移的途径。目前，房地产商品的销售渠道主要有两种类型。其一是直接销售渠道，即由开发商通过自己的销售人员或销售机构把房地产商品直接销售给消费者，如可采取现场驻员接待顾客或在公司设立销售部门接待顾客等方式。其二是间接销售渠道，即开发商通过中间商（如代理商、承销商）来销售自己的房地产商品，现时最常见的就是由代理商代理房地产的销售。由于代理商手头上储存着大量的信息，能充分掌握市场动态，具有很强的引导消费和指导消费的能力，再加上他们具有丰富的销售经验和市场知识，所以目前大多数的开发商更倾向于采用间接销售的策略，以借助代理商的力量扩大商品房的销售范围，提高市场占有率。

当房地产开发企业选定以代理商这一间接渠道来销售商品房时，代理商就需参与价格策略的制定并主持促销方案的制定与实施。

二、制 定 定 价 策 略

房地产的定价策略，是指企业为了在目标市场上实现自己的经营目标，所规定的定价指导思想和定价原则。定价策略是根据商品本身的情况、市场情况、成本情况、消费构成、消费心理等而制定。故不同的房地产，在不同的地方、不同的时间可采取不同的定价策略，在实际工作中，各种策略应灵活运用，慎重选择。目前房地产开发企业所采取的定价策略主要包括以下几种：

1. 成本导向定价策略

即以产品的成本回收及利润补偿为基础来制定价格。例如可以成本为基础，加上预期的利润来确定产品的售价。

2. 需求导向定价策略

即以市场需求为基础，首先确定出目标市场消费者可以接受的价格，然后据此制定商品的价格。

3. 竞争导向定价策略

即从市场竞争形势分析出发，以企业的市场定位为基础，为争取有利的竞争条件与地位的定价策略。例如在竞争的市场条件下，可针对竞争对手制定高于或低于竞争对手的价格，也可随行就市以市场上同类商品房的现行价格来确定价格。

4. 心理导向定价策略

即从价格及其变化对消费者心理所产生的影响的角度考虑来制定价格。例如可针对消费者的求廉心理或求荣心理制定不同档次的商品房价格，以满足顾客的不同需要。

5. 变动价格策略

这一策略有若干的形式，在房地产销售中最常使用的是现金折扣策略，即为鼓励买方尽早付款而按原价给予顾客一定的折扣。例如在商品房销售中，就常常可见到"一次付清房款，八五折优惠"的条款。

三、制定促销方案

促销方案实际上是为使促销工作顺利完成而制定的具体实施细则与工作指南,在每一个具体的促销方案中,都应该明确:(1)采用何种促销方式及其组合;(2)促销的步骤或程序;(3)促销机构的建立。

1. 促销方式

促销的方式可以分为人员促销和非人员促销两大类;在非人员促销中,又有广告、营业推广和公共关系等。

(1)人员促销。人员促销是指推销人员以交谈的形式向顾客作口头宣传和介绍,以满足消费者需求并出售商品实现企业目标的经营活动。人员促销具有灵活性、针对性、及时性以及完整性等特点。所谓灵活性与针对性是指促销人员可在与顾客直接交往的过程中,能够灵活机动地处理问题,有针对性地调整自己的促销策略和方法;所谓及时性与完整性是指促销人员往往能在顾客有购买意向的瞬间抓住时机促成交易,整个销售过程即从选择对象、洽谈、磋商到达成交易也都是由促销人员承担的。迄今为止,人员促销依然是最普遍、最直接、也是最有效的一种促销方式,它有着其它促销方式所不可替代的作用,在房产促销中它所起的作用尤为重要。目前,大多数的房地产经纪机构都设有业务部,由该部的业务人员负责接待顾客,与之洽谈磋商,并促使其达成交易。虽然业务人员推销物业的手段各不相同,但其推销过程大体上可划分为以下四个步骤:

1)详细准确地了解顾客的需要和愿望。

2)向顾客推介符合其愿望的物业,提高其购买兴趣。此时可通过图片展示,或带领顾客参观物业示范单位等方式,不厌其烦地、如实地向顾客宣传介绍物业的情况,用充分的理由使顾客相信公司推介的物业正是他所需要的。

3)刺激顾客的购买欲望。此时业务人员应尽一切努力打消顾客的种种疑虑,化解其反对的意见,与之协商解决有争议的问题,促进其接受所推介的物业,使他的购买欲望得到进一步的强化。

4)促成购买行为。这是达成交易的关键,业务人员必须善于把握时机,在顾客流露购买动机的一瞬,引导顾客作出购买决定,同时注意观察顾客的购买意向,不失时机地将顾客的注意力转向对物业单位的具体选择上,使购买决定成为购买行动。

业务人员促销工作的成功与否在很大的程度上取决于其自身的机敏灵活和工作态度。业务人员必须善于观察和分析,准确地发现顾客不同要求和不同反应,并据此有针对性地调整自己的推销策略,必须能随时机动灵活地处理问题,懂得及时抓住时机,趁热打铁,不放走任何一个机会。与此同时,业务人员还应该有良好的工作态度,他必须热心、耐心地对待每一位顾客,始终如一地保持良好的风度,待人谦恭有礼、诚实可靠,绝不可冷落顾客,更不可与顾客争吵,以赢得顾客的好感和信任。即使顾客一时未能作出购买决定,也不要气馁,而应详细询问,弄清原因,并保持联系,及时回访,以争取今后达成交易。只有这样,业务人员才可不断提高其促销工作的成效,最大限度地协助公司完成其促销的计划。

(2)广告。广告是通过各种媒体,有计划地向广大消费者传递商品或劳务信息,以达到提高市场占率目的的一种促销形式。广告的形式多种多样,根据广告媒体的不同,广告可分为视听广告、印刷广告、实体广告、户外广告、邮寄广告和交通广告等。各种不同的广告媒体有各自不同的特点,它们传递信息的方式不同,效果也不一样。为了取得最好的广告效果,广告策划人员必须正确选择广告媒体、搞好广告设计并测定广告效果以制定更合理的广告策略。

(3) 营业推广。营业推广是指为了迅速地刺激需求和鼓励消费而采取的一种促销措施。营业推广一般由一系列具有短期诱导性的促销方式所组成。例如,目前在房地产促销中最常用的营业推广方式就有:展销会。展销会的目的在于吸引大量的顾客,用集中的方式取得销售效果;奖售。用向部分顾客提供优惠的方式来吸引顾客,例如房地产销售中,对头五十名买家赠送家具和电器,即属此方式。此外近期在珠江三角洲地区,房地产开发商或代理商为吸引港澳同胞回乡置业,还创造了一种新型的营业推广方式——组织"回乡观楼团",将回乡、度假、观楼组合在同一旅程中,以吸引港澳顾客。营业推广方式如运用得当,对刺激需求往往能起到立竿见影的效果,因此也愈来愈受到促销策划者的重视。

(4) 公共关系。公共关系是一个企业或组织,利用双向信息交流手段,有计划地加强与公众的联系,以赢得广大公众的信任和支持,并树立企业信誉的一系列活动。在促销沟通中公关活动的形式主要有市场宣传、新闻宣传报道、提供赞助等。公共关系对于和谐企业与公众的关系、树立企业形象的重要性已逐渐得到大多数开发商与代理商的认同。例如,广州经纬房地产咨询有限公司在代理英华房地产实业公司的晓港湾楼盘时,就曾策划"扶贫、扶孤、助学"音乐会,并捐款数十万元,这一公关活动使企业的形象与信誉得到进一步的确立,并在一定程度上促进了企业产品的销售。

2. 促销程序

房地产促销的程序与步骤应因具体的促销个案而作具体的安排。例如现时大多数新建商品房楼盘的促销个案是将促销过程大致分为三个阶段,即:预备期——主要是要进行市场分析、确定物业定价、广告运用、促销方式等策略,同时还要制作宣传资料及广告牌、挑选促销人员、寻找售楼处等,以为下一阶段作好充分的准备;强销期——运用多种广告媒体进行强势宣传,造成家喻户晓的效果,采取展销会、现场抽奖、观楼团等多种营业推广方式吸引顾客,并在促销人员的耐心劝喻下达成较多的交易(在整个强销期中,楼盘的销售约占4~8成);延销期——强销的热浪过后,促销者将卖剩的楼盘进行清查,利用各种的方式消化卖剩的楼盘。确定促销程序时,策划者除了是要确定促销的每一阶段与步骤外,还必须善于把握时机,寻找楼盘推出的最佳时间,同时还要作周密细致的考虑,对每个阶段作出明确的时间要求,以保证促销目标的实现。

3. 促销机构

在促销方案中,对促销机构的建立主要包括以下内容:第一,根据对促销人员的素质要求选择合格的人员(包括策划人员、业务人员以及部门主管),确定促销人员的数目,建立促销机构的内部关系,即明确每个部门的职责范围与分工协作关系以及每个职员的职责范围与分工协作关系。

每一个促销方案的制定,实际上都经历了方案的拟定、方案的选择以及方案的修正等过程,因此促销方案的制定过程实质上就是促销方案的决策过程。促销方案的决策,最首要的问题是要力求创新,因为每一个促销方案既要接受市场的考验,又要接受同行的竞争挑战,因此策划者必须及时捕捉市场的新变化,在制定促销手段方法上要博采众长、灵活变通、大胆创新，以独特新颖的促销方式吸引消费者，夺取市场。其次，促销方案的选择，是围绕着特定的目标市场进行的。因此，促销方案的制定必须针对目标消费者以做到有的放矢。再次，在制定促销方式时，要注意选择好最佳的促销方式组合。目前，除了极个别的促销个案是采用单一的促销方式外，大多数促销个案都是采用多种促销方式的组合，以形成一种立体促销的效果。各种促销方式除了要在同一的空间上作合理的组合外，还要在不同的时间上作最佳的布置。因为在不同的阶段上各种促销方式所产生的效果是不同的。例如，在向消费者推出新楼盘的初期，各种不同媒体的广告最能引起消费者的注意；在正式销售阶段，各种的营业推广方式最能吸引消费者到场参观选购；到消费者有购买意向时，促销人员的耐心说服就显得相当的重要。因此，在不同时段的各个空间上，各种促销方式的主次关系应当安排得当，使其相互配合、取长补短，以提高社会效应，取得更佳的促销效果。最后，任何一个促销方案都是在一定的预算开支限制下制定的，因此，必须讲求节省开支与社会效果的统一。在安排促销活动时，必须考虑如何最有效地利用现有的人力、物力、财力，去取得最佳的促销成绩。

思 考 题

1. 房地产市场营销的含义是什么？房地产营销策划的含义是什么？
2. 房地产经纪人在房地产营销策划中具有哪些作用？
3. 什么是房地产促销？房地产促销策划的内容有哪些？
4. 房地产经纪人在制定房地产促销方案时应注意哪些问题？

第六章 房地产咨询实务

第一节 概 述

一、房地产咨询的含义

房地产咨询是指房地产经纪人或房地产顾问接受客户的委托，为其提供信息、情报、资料或意见，或为其提供专题研究、市场分析、项目策划等服务并收取佣金的一种有偿的中介活动。

具体地讲，房地产咨询活动一般包括以下两项业务内容：

（一）信息咨询业务

即以各种的方式为有需要的人士提供房地产市场信息。房地产中介机构通过各种的渠道收集、整理和储存大量的关于房地产市场、房地产开发及房地产政策法规等方面的信息，供海内外投资者查询或以各种的途径传播给有需要的人士，以作为他们在投资决策时的参考依据。就目前情况来看，房地产中介机构已普遍开展了这项业务，但不同的中介机构开展业务的方式各有不同，大多数中小机构并不单独开展信息咨询活动，他们只是在接洽房地产经纪代理业务的过程中，应顾客的要求为其提供有关的市场情报资料或为其解释有关的法规政策。这种类型的信息咨询业务在目前是房地产咨询业务中最为广泛最为普及的一种，其费用的收取也较为灵活。

（二）投资决策咨询业务（又可称为投资顾问业务）

即以接受委托的方式，为特定的部门、企业或个人提供有关房地产投资决策问题的专项咨询服务。在大多数情形下，该项咨询业务的委托者为房地产的投资商，他们往往为某一特定的项目而委托中介机构为其进行专题的研究、分析或策划，以协助他们解决在房地产投资开发方面的一些具体的问题。这些专项的咨询业务通常包括：

（1）市场调查与分析；

（2）投资可行性研究；

（3）投资项目评估；

（4）项目（投资）策划；

（5）营销策划；等等。

这类业务是最高层次的房地产咨询业务，因而它对中介机构及咨询顾问人员的职业素养有着较高的要求。现时只有少数的中介机构有能力开展这项业务。

二、房地产咨询机构

目前，在我国从事房地产咨询业务的机构大抵有以下几种类型：

(1)专门从事房地产信息工作的信息机构，这类机构大多在政府部门的支持下成立，主要开展房地产信息的收集、处理、分析与传播的系统工作,此外还利用所掌握的信息开展一些常规的及专项的调研活动,并将调研的结果对外公布。由于政府的重视,这一类型的机构在近年来有较快的发展势头。譬如,1993年成立的"广州市房地产信息中心"就是由广州市国土房管局筹建的局直属信息型企业,它成立以后建立了定期、全面、准确的房地产信息发布制度,定期发布商品房交易数量、价格、房产租赁行情、出让土地的有关资料、房地产成本及效益、消费者购房需求动态以及最新房地产法规政策等信息,并开展了广州市《大型商业用房供应量/需求量分析》、《批出土地、待建、在建项目及建成楼宇调查报告》、《开发企业及经济效益分析报告》等大型专题调研及《房产空置率调查研究》、《房屋租赁市场情况》、《消费者心理调查》等一些常规性的调研活动,为有需要的房地产投资者提供了优质的服务。

(2)以房地产咨询业务为主营业务的咨询顾问型机构,这类机构的主要职责是为房地产投资者提供可靠的信息及产业利用和开发的合理建议,分析产业的近期和远期经济效益和发展趋势,以帮助投资者作出正确的决策。譬如由广东省建委主管的广东省房地产咨询公司就是属于这一类型的机构,其主要的业务范围包括:房地产信息咨询、市场分析、市场调查研究、投资合作与经营策划等。一般来讲,这类机构必须具备较雄厚的专业技术力量方能承揽到咨询业务。目前我国这类机构的数量极小,未能形成一定的气候。

(3)"混合型"的中介机构,此类机构通常以房地产经纪业务或价格评估业务为主,但同时也开展信息咨询业务,这类机构发展迅猛。就目前情况来看,经纪机构所开展的咨询业务一般属于较低的层次,而评估机构所承揽的咨询业务通常是一些房地产项目的项目评估工作,这项工作难度较大,所以有时评估机构也会邀请一些教授、经济学者协助完成。

三、房地产咨询的服务对象

就目前来讲,接受房地产中介机构咨询服务的客户通常包括两类:一类是房地产开发商;另一类是普通的置业投资者,包括国内居民和海外华侨、港澳同胞等。房地产经纪人在开展房屋买卖中介业务时,往往也会充当置业者的置业投资顾问,为其提供地点选择、时间选择、付款方式选择、租赁购买分析、投资回报分析等咨询服务。

四、房地产咨询的形式

房地产中介机构在开展咨询业务时,其形式是多种多样的。首先,根据客户对咨询的要求,咨询可分为以下几种形式:

(1)一般性咨询。即应客户希望对房地产市场某一方面的信息有一般性了解的要求,而为客户提供该方面的信息情报。

(2)建议性咨询。即应客户的要求,为其在房地产的投资、开发或交易整个过程或其中某一环节能顺利进行而提供合理的建议。

(3)审议性咨询。即应客户的要求,对他们所作出的房地产投资计划、开发规划、房地产价格、交易协议、房地产经营管理计划等进行审议评价,以确认其是否合理、合法和有利。

其次,根据咨询内容的综合性,咨询又有以下两种形式:

(1)专题咨询。即就客户所提出的某一个别的问题进行咨询,例如,就某地区房地产空置情况进行咨询。

(2) 综合性咨询。即对某一房地产项目或房地产经营环节的各方面进行调查、分析,并提出综合性的结论。例如,房地产项目评估,房地产可行性研究等都属于综合性咨询的范畴。一般说来,综合性咨询的难度要大于专题咨询。

再次,根据咨询的答复方式,咨询形式又分为:

(1) 口头咨询。即客户的咨询只要求口头上的答复。

(2) 书面咨询。即客户的咨询要求书面作答。一般情况下,书面咨询比口头咨询难度大,且工作内容也较多。

最后,根据为某一客户提供咨询服务的次数或时间间隔,咨询又有分为以下两种形式:

(1) 一次性咨询。

(2) 经常性咨询。

五、房地产咨询的特点

房地产咨询服务通常具有以下几个特点:

(1) 房地产咨询的对象和内容广泛。房地产咨询的内容包罗了房地产经营开发的一切环节与事务,譬如,房地产投资、房地产开发与综合开发、房地产价格评估、房地产政策法规、房地产科技、房地产经营管理技术、房地产金融、房地产纠纷仲裁等在咨询过程中都有可能涉及或部分涉及,而咨询服务的对象则包括单位、企业、个人,行业内或行业外、国内或国外的客户,只要涉及到房地产方面的,一概为其服务。

(2) 房地产咨询服务的开展灵活多样。如前所述,房地产咨询的形式多种多样,房地产中介机构可根据客户的具体要求采取合适的形式。此外,在承揽咨询业务的方式上,咨询机构还可根据具体的情况对以下两个问题作出灵活的选择:其一是,是独立完成还是与他人合作完成咨询服务项目。对于某些项目,例如是大型的综合性项目,为保证质量,咨询顾问人员往往需联合各种专业人员去共同完成。其二是,是临时抑或长期承接咨询项目。这项选择往往根据客户要求而定,咨询机构或咨询顾问既可以承接短期的咨询业务,也可以承接长期的咨询业务,甚至还可以出任客户常年的咨询顾问。

(3) 咨询顾问人员的知识全面。房地产咨询顾问人员必须具备全面而综合的知识,方可胜任咨询工作,更好地为客户服务。

六、我国房地产咨询业的现状及展望

我国房地产咨询业的现状可以用一句话来描述,那就是:房地产咨询业严重滞后于房地产业的发展。而正是这种滞后使得房地产咨询业对房地产业应有的作用未能充分地发挥出来。这种状况可从这些具体表现中反映出来:我国技术实力雄厚、规模较大的咨询公司为数不多;每年的咨询业务量较少;没有多少开发商的房地产开发项目是根据咨询机构的咨询专家们的建议而实施开发的。许多房地产开发商在投资上的连连失误,不能不说与此有着密切的关系。国内的这种状况与国外的情形有着很大的区别。譬如美国,80%左右的开发工程是经过咨询机构(这些机构大多被称之为 AE&P)的论证并按这些咨询机构提出的建议进行开发的。目前美国起码有 500 家最大的咨询公司年收入达 600 亿美元,影响着 60 万英亩土地的开发工程。对比我国,可以发现我国咨询机构对房地产开发过程的影响面之窄与影响力度之弱。

这个事实的形成,有很多客观的原因,其中,以下两个原因较为显著。第一个原因是与开发商某些错误的观念有关。开发商错误观念之一是:投资决策并不重要。在房地产业高速发展的上升阶段,部分的开发商可能会被房地产的发展热潮冲昏头脑,认为投资房地产总是赚钱——不管何时何地以何方式投资,因而忽视投资前期的研究决策工作,仓促盲目进行开发。当然,由于我国房地产业在这十来年经历了若干次的大起大落,经验和教训使许多资深房地产商思想日渐成熟、冷静和清醒,近年来持这种观念的人已不多见。但第二个错误的观念又使他们进入了另一个误区。开发商错误观念之二是:求人不如求己。所以大多数开发公司(那怕是较小型的开发公司)一般都配备各类型的专家,以应付诸如开发项目可行性研究、开发计划制定与实施等问题。这种做法有若干弊端,其一是,开发公司并不总是时时都需使用所有的专家,而只是在某一阶段需要某一方面的专家,从经济的角度看,在有需要时才短期地聘请适用的专家要更为划算一些。要知道,常年聘请各类专家的费用相当庞大,在房地产业低谷时期或开发公司业绩不理想时,这些专家们的薪金重负甚至可以拖垮公司令其倒闭。其二是,公司所雇佣的专家由于在较长的时间内都在固定的地区为固定的公司服务,视野往往受到一定的限制,而很多房地产公司都经常地要拓展外地业务,故短期聘请一些地方专家可能会获得更好的效果,因为地方专家通常较本公司专家更了解当地的情况,且个人能力可能更加适合需要。正是投资商们对咨询服务需求的不那么热切,使得咨询行业缺乏一种来自外部的支持和鼓励其发展壮大的力量。第二个原因是与业内人士的专业素质偏低有关。在这方面,我国与外国的情形有所不同,在国外有很多专门从事房地产投资顾问工作的专家,譬如在美国就有"注册商业投资师"(简称CCIM)。CCIM们必须完成大约240个课时的课程学习,提供一份过去进行交易或提供咨询的个人简历,以显示自己在商业——投资领域的经验(通常申请人必须在商业房地产经纪方面达到商业投资房地产委员会规定的交易价值总量和经验年限的指标),最后通过一个综合考试,方可获得CCIM头衔。CCIM被公认是在商业和房地产投资方面最优秀的专家,他们不仅在理论上,而且在实践上都是精通房地产投资业务的,他们能利用所掌握的知识、技能和经验,协助客户发展并实现其投资理想。反观我国,在现阶段,国内专职从事投资顾问业务的专家并不太多,大多数的房地产咨询业务都是由经纪人或估价师所承揽。由于有部份的经纪人或评估师并未接受过有关房地产投资及开发方面的专业培训或受专业培训的课时并不足够,所以他们提供给客户的意见大多较为浅薄,未能给予客户真正有价值的帮助。这使得投资者或开发商即使有征询的意识和需要,一时间怕也难以找到令其真正信任的专家的帮助。而这正是咨询行业不能顺利发展的内部症结。

但毫无疑问,我国房地产咨询业最终会得到正常的发展,因为:

第一,房地产投资决策的重要性已得到大多数房地产开发商的共识。这一两年来房地产业所面临的严峻现实使许多房地产商意识到,十分容易地从房地产投资中获取超额利润的年代已经一去不复,房地产投资的高额利润往往伴随着极高的风险,开发商必须通过对宏观政治经济形势、市场供需状况、项目的成本与效益、资金到位与归还等问题作认真的分析与研究,方可形成正确的项目开发策略以保证最大程度地规避风险和获取利润。

第二,项目的决策有一个重要的原则是信息的原则,该原则要求决策应具有质量高、真实可靠、充分完整的信息作为基础。在决策时所收集到的信息有任何的差错、偏颇、或者迟缓，都有可能影响决策的效果。开发商利用自己的力量在短时间内全面快捷地收集充分、完整和准确的信息难度较大，费用较大，而且效果也不一定太理想。所以已有一部分开发商意识到，将这项工作交由房地产信息机构或咨询机构去完成，可能会是一种更明智的选择。

第三，房地产开发项目从决策到实施到完成，整个过程涉及很多的领域和业务，作为房地产投资项目的决策者和风险承担者的开发商绝不可单打独干，而必须善于借助各种专家的力量。开发商基于节省经营管理费用的考虑，不可能长期固定地聘用所有各种类型的专家，某些专业技术人员会成为开发公司的固定职员，协助开发商处理日常的事务，但当开发商遇到一些特殊的问题时，还是有必要求助于有"外脑"之称的咨询机构或咨询顾问人员。一个成功的开发商，除了懂得依赖其公司内部的专业人员之外，还必须善于利用各种专业机构和专家们各自的特长，逐步形成自己所信赖的智囊团为己服务。在竞争激烈的今天，许多开发商已发现，一个各成员之间配合良好的"智囊团"或许能成为他们战无不胜的"利器"。

第四，房地产管理部门为保证房地产开发的质量和效益，已明确规定房地产开发企业在进行房地产开发之前，必须委托有资格的设计（咨询）单位编制可行性研究报告，并报有关部门审批。对于重大项目，可行性研究报告的审批还必须经有权审批单位委托有资格的工程咨询公司进行了评估论证之后方可进行。

以上种种说明，新的形势正在呼唤着中介机构站出来承担起房地产项目科学决策的咨询作用，我国房地产咨询业前景诱人。然而，要发展我国房地产咨询业，关键的问题还是在于业内人士素质的提高。只有在能为社会提供高质素服务的前提下，房地产咨询服务业才能被更多的投资者所接纳，开发商、置业者才会更新其观念，对房地产咨询顾问和专家的态度才会从怀疑、否定转变为认可、信赖，而这点对于房地产咨询业的发展是极为重要的。

第二节 房地产信息咨询实务

一、房地产市场信息的含义及分类

房地产市场信息是指反映房地产市场活动特征及其发展变化情况的各种消息、情报、资料等的统称。

从不同的角度，房地产市场信息可以被分为以下若干类型：

1. 按房地产市场信息的内容分为

(1) 住宅消费信息。包括住户对住宅功能的安全感、方便感、舒适感以及对销售服务、房屋价格等方面的要求，对住宅销售方式的不同反映等。

(2) 市场开发信息。包括房地产市场现有状况和发展趋势、住宅需求，房地产市场占有率、竞争企业和竞争住宅的情况以及国家对房地产市场发展的计划和规范等。

(3) 科技信息。主要是指新住宅开发及相应的新材料、新能源、新技术等信息。

(4) 政治信息。主要指国家的有关方针、政策、法律的变动以及引起的相应的经济利益分配上的变化。

2. 按信息本身的性质分

(1) 相对稳定的信息。是指反映房地产市场经营活动的内在联系及其发展规律的信息，这些信息取得后可在较长时间内发挥作用，具有一定的基础性。

（2）经常变动的信息。是指反映房地产市场经营活动中某一时间或某一点上的情况的信息。这类信息通常只有一次性的使用价值，因而要经常不断地获取。

3. 按房地产市场信息时间序列分

（1）历史的信息。指曾在过去发生过作用的信息。收集历史的信息，是为了作为目前进行管理决策的借鉴。

（2）现实的信息。指目前正在发挥作用的信息。收集它是为了目前的经营决策。

4. 按房地产市场信息的流向分

（1）纵向信息。是指上下级之间传递的信息，包括自上而下和自下而上两个传递方向的信息。

（2）横向信息。是企业间相互提供的交流信息。

5. 按房地产市场信息加工的程度分

（1）原始的信息。指用数字和文字对房地产市场经营活动过程中的各项活动所做的直接记载，是人们通过实地调查而获得的第一次信息。原始信息必须经过加工整理才能使用。

（2）经过加工的信息。它是在原始信息的基础上加工而成的，它可直接用到经营决策中去。

二、房地产市场信息的作用

房地产市场信息的作用，可以概括为以下四个方面：

1. 房地产市场信息是房地产投资者进行经营决策和编制计划的基础。决策和计划是房地产经营活动中最重要的环节之一，它的进行必须依赖于能全面反映房地产市场动态和过程的信息。譬如我们在第四章就曾经指出，在土地投标决策过程中是需要大量的关于土地本身及土地竞投者的有关信息的，如果所收集的信息不全面或不准确，将会直接影响到投标策略的正确性。

2. 对于普通的房地产交易者来讲，房地产市场信息也是其交易行为决策的最重要的依据。譬如一个准物业购置者，他最终是否购置物业，购置何种物业，以什么价格购置，何时购置……种种的选择均需要在他对所掌握的市场信息进行全面的分析之后，方能得到决定。

3. 房地产市场信息是控制和调节房地产市场经营活动的依据和手段。房地产经营计划在实施的过程中，执行者或决策者除了需依靠原有的信息对计划进行控制外，很多时候还需要根据在计划过程中所产生的新信息对原有计划作必要的调整，以确保计划的顺利完成。

4. 房地产市场信息是房地产企业不断提高经济效益的源泉。

5. 房地产市场信息是形成房地产市场经营有组织活动的脉络和纽带。我国房地产市场的经营是一个多结构、多层次的大系统，它是由土地征用市场、土地开发劳务市场、地产租赁市场、房产买卖市场、房屋互换市场、房屋劳务市场、房地产生产要素市场等构成的、开放的房地产市场系统，这一大系统实际上是靠一个四通八达的信息网络来维系的。

三、房地产信息咨询业务的开展

房地产信息咨询工作实际上包括了信息的收集、信息的整理和信息的传播等三个主要的环节，其中信息的传播是信息咨询工作的最终目的，信息的收集和整理是为信息的传播服务的。

（一）信息的收集

房地产市场信息的收集，有一定的原则和方法，只有遵循信息收集的原则和采用合适的方法，才能保证所收集到的房地产市场信息的质量。房地产市场信息收集的原则，可以概括为："全面、及时、准确、适用、经济"。全面是指把所需的房地产市场信息都收集起来，它包括信息内容的全面性和收集渠道的全面性；及时是指将所有最新的资料及时的收集起来；准确是指所收集的信息要如实反映客观事实；适用是指所收集的信息是有用的，能适合市场经营的需要；经济是指能以较低的费用去收集所必须的信息。

房地产市场信息的收集方法有多种，收集者可根据自身的需要选择一种或几种方法。目前最常见的方法包括有：

（1）采购。即通过支付费用的方式取得所需的信息。例如到房地产行政管理机关订购房地产文件政策汇编，即属于运用该方式获取所需资料。

（2）交换。即通过互换信息取得所需情报。例如建立房地产信息网络，网员间的信息共享，实际上就是一种信息的交换行为。

（3）索取。即根据线索直接用书信或面谈来收集那些尚未公开发表或不公开发表的信息。

（4）调查。即通过实地调查、观察、采访等收集第一手资料。

（5）复制。难以用其他方式得到的资料采用复印、描绘等方法收集。

（二）信息的整理

信息的整理主要包括两项内容，其一是分析信息，其二是处理信息。信息的分析从两个方面着手，第一是分析信息是否准确，包括分析信息取得的渠道是否可靠，信息的内容有否谬误；第二是分析信息之间的相互关系，通过找出信息之间内在的联系，以起到举一反三的作用。

信息的处理包括组织处理与技术处理两个方面。组织处理是指对所取得的信息进行归纳、分类等，使之能够适应需要。具体的方法有：筛选，即把收集的信息按其重要程度进行选择；分类，即根据需要将信息按专题或地区分类；编校，即对信息进行编排和校正，以达到去粗取精、去伪存真的目的；列表，即把信息用各种表格的形式表示出来；画图，即把所需要的资料，用图形的方式表示出来。技术处理是指把所得到信息中的特殊情况加以技术上的处理，使之恢复本来面目，以便正确地反映房地产市场活动情况。具体的方法有：剔除法，即把那些不能如实反映对象的正常发展趋势的数据剔除掉，以免在预测中得到不正确的结果；还原法，即把受偶然因素影响的数据处理变成在正常情况下表现出来的数据。

（三）信息的传播

就目前的情况看，信息的传播方式主要包括以下几种：

（1）发行信息刊物。即通过发行刊物向外传递房地产信息，这些刊物的内容包括房地产信息、有关的要闻、简讯以及最新的房地产政策法规等。

（2）建立房地产信息网络。采用网员制方式为网员单位提供有偿的信息服务，同时取得信息补充。这种方式能充分发挥现代信息设备的优势，使信息的传递和反馈更加充分与及时。如广州市房地产信息中心就是采用这种方式定期向用户提供信息的。

(3) 专业训练方式。如举办短期专业培训、发行专业内容的录像带、组织专业知识竞赛等等。

以上三种方式仅限于专门的房地产信息机构或实力雄厚的大型房地产中介机构采用。这些机构一般都将信息咨询服务作为一项单独的业务开展，他们由于同政府部门、行业团体、企业界以及报刊、电台等宣传媒介建立较为了广泛的联系，所以信息资料来源比较充分、迅捷和可靠，同时它们也具备较强的信息综合处理能力，因而能为社会提供较高水准的信息咨询服务。

(4) 接待方式。即以接洽的方式向被接洽的人员提供有关房地产信息资料。这种方式为大多数以经纪代理业务或房地产价格评估业务为主营业务的中小中介机构所采用，这些机构一般没有条件掌握全面的、敏捷的信息资料，也没有综合信息的能力和必要。他们所掌握的关于房地产价格、行情动态、市场供需状况等信息资料，主要是来源于自身的咨询、接洽，以及机关、行会和较高层次的中介机构的综合报导。他们一般不单独开展房地产信息咨询业务，其房地产信息的提供通常是针对现实的或潜在的业务委托人进行。他们主要以接待方式为已经进行或可能开展经纪代理和价格评估业务的当事人提供市场、政策等方面的信息资料，这些信息资料内容具体、明确、有很强的针对性和实用性，往往能为业务委托人解决一些特定的实际问题。

四、房地产政策咨询

房地产政策咨询是房地产信息咨询一个重要的组成部分。房地产政策是"国家和地方政府为贯彻一定历史时期的房地产路线而制定的行动准则"，在房地产业的每一领域每一环节，都有相应的房地产政策指导着房地产经营与管理的实际运作。政策咨询所能提供的服务就是：对外宣传和解释国家或地方最新的房地产法规政策；指导客户在房地产投资、开发、交易等过程中灵活运用相应的政策；对客户的房地产经营活动的合法性（即是否符合有关政策法规）作出评议等。房地产政策咨询内容广泛难度较大，所要处理的问题通常错综复杂，政策咨询业务的顺利开展，关键的问题在于咨询人员对房地产政策的掌握、理解以及运用自如的程度。在对房地产政策法规的掌握上，咨询人员应注意做好如下几点：

（一）全面熟悉国家和地方的房地产政策法规

房地产政策因要指导房地产运行的方方面面，所以它包罗着极其广泛的内容，政策咨询人员对所有的法规政策都应了如指掌。通常咨询人员要熟悉的法规政策主要包括以下几个方面：

(1) 对房地产运行各环节有总体性指导作用的政策法规。目前主要有《中华人民共和国城市房地产管理法》，该法是为了加强对城市房地产的管理，维护房地产市场秩序，保障房地产权利人的合法权益，促进房地产业的健康发展而制定的，它在房地产开发、房地产交易、房地产权属管理等方面均制定了相应的行为准则，房地产政策咨询人员首先应熟读本法。

(2) 指导房地产开发的政策法规。譬如有：土地管理法、国有土地使用权出让转让条例、征地管理规定、城市房屋拆迁管理办法、城市规划法、城镇土地开发和商品房贷款办法等，只有在熟悉这些政策法规的前提下，咨询人员方可为客户在取得土地使用权、安排资金投入、顺利完成土地与房屋开发等方面提供必要的帮助。

（3）指导房地产交易的政策法规。譬如有：商品房预售管理办法、房产交易价格管理办法、城镇房地产转让条例、城镇房屋租赁条例、城镇房屋互换管理办法、房地产抵押管理办法、房地产评估条例以及房地产税法方面的有关规定，只有相当的熟悉这些政策法规，咨询人员方可为房地产开发商、房地产交易者的房地产买卖、租赁、互换、抵押、典当等交易行为的合法性提供足够的政策依据。

（4）指导房地产产权登记、交易鉴证等方面的房地产行政管理政策法规。譬如有：城镇房地产产权登记条例、房地产纠纷仲裁办法等，熟悉这些政策，咨询人员方能保证客户在完成房地产交易行为时，可获得足够的法律保障，在产生房地产纠纷时可顺利地得到解决。

（5）指导房地产经营管理的政策法规。譬如有房地产开发经营条例等，熟悉这些法规政策，咨询人员方可为客户在组建房地产开发企业、申请资质审查、从事房地产开发经营等方面提出可行的意见。

（6）其他有关的法规政策。政策咨询人员全面掌握所有的房地产政策法规对其开展业务有着十分重要的作用。

（二）密切留意房地产政策的新动向

虽然从总体上说，为了保证房地产业的稳定与健康发展，房地产政策要保持一定的连续性，但在各个不同的历史阶段，房地产政策还是会有所变动，新的法规政策会随着形势的变化而陆续出台。作为政策咨询人员，应不断学习和掌握新政策、新法规，并注意处理好有关业务在新旧政策上的衔接问题。

（三）善于灵活运用房地产法规政策

法规政策具有法令性的特点，在从事房地产投资、经营、开发或交易活动的过程中，任何单位和个人都不得违背相应的法规政策的有关规定。但与此同时，一些法规政策也会留给执行者一定的自由裁量的余地以使其更好地处理具体的事项。因此，房地产政策咨询人员在为客户提供解决实际问题的办法和对策时，应善于把握政策法规的恰当幅度，用足用活政策。而要达到这一目的，咨询人员除了要准确、深刻地领会文件的精神和内容外，在处理问题时还必须深入实际，尊重客观事实，认真探求解决问题的方法。更为重要的是，咨询人员应注意跟进客户采纳咨询意见后的实施成效，检验解答问题的准确性，以积累经验教训，不断提高自身灵活运用房地产法规政策的能力。

第三节 房地产项目投资咨询实务

一、几个基本概念

（一）房地产项目投资咨询

房地产项目投资简单地说是将资金投入到房地产某一开发项目中，以期在项目开发完成时获取收益的行为。不同的房地产投资项目尽管有着不同的规模与特点，但其投资的步骤基本上是一致的，它包括确定项目、项目审批、投入资金并实施项目以及项目终结并获取收益四个过程。其中第一步确定项目实际上是项目投资决策的过程，它包括收集信息、进行可行性分析以及项目的最终选择。虽然投资者是最终的决策者，但这并不表明整个决策工作自始至终由投资者独个承担。在大多数情形下，投资者往往会将信息的收集以及可行性分析工作委托给咨询公司协助完成。咨询公司及咨询顾问所提供的房地产项目投资咨询服务，就是应投资者的要求，协助其对影响拟定投资项目的相关因素进行广泛的调查取证，并就项目的投资环境、市场条件、财务收益及风险预测等方面作出分析报告，以为投资者决策提供科学的依据。

（二）投资可行性分析

房地产项目投资可行性分析是在工程项目投资决策前，全面综合地了解项目的各种信息、论证项目所需具备的条件、对各种拟定的方案进行技术经济评价与比较、预测投资的风险水平并最终确定投资项目能否实现投资效益的一系列工作的统称。其基本任务是通过尽可能详细的调查研究，综合论证一个投资项目在技术上是否先进、实用、可靠，在经济上是否合理，在财务上是否盈利，并最终鉴定该项目是可行还是不可行。

具体地讲，投资可行性分析旨在为投资者解决以下若干问题：

（1）分析区域条件及发展趋势，评价建设地点。
（2）分析投资环境，包括政策、市场、经济形势等的现状及变化趋势，评价投资时机。
（3）分析资源及市场需求，选择最适宜的投资规模及类别。
（4）拟定具体的技术方案，评价与项目建设配套的外部条件。
（5）评定项目建成后的经济效益、社会效益及环境效益。
（6）计算资金投入总额，拟定筹资计划。

投资可行性分析有简单的分析与全面的分析之区别，全面的可行性分析包括的内容比较广泛，比如市场需求分析、投资地段分析、财务分析、成本分析、风险分析、资源供给分析、投资时机分析等等，而这其中任何之一个内容都可成为简单的可行性分析的重点或主题，咨询顾问应客户的要求，既可进行一个或若干个方面的简单分析，也可进行较为全面的综合分析。

（三）可行性研究报告

房地产投资项目在进行了可行性分析之后，如证明切实可行，就可将分析的过程和结果拟成文件，向上级主管部门报告。该上报的文件即为可行性研究报告，在我国又称为设计任务书。按照我国对房地产开发项目投资管理的现行规定，任何房地产开发项目都必须在编制了可行性研究报告，并获上级主管部门批准后，方可实施开发建设。而且，项目的可行性研究报告必须由有资格的设计单位或咨询单位编制，并有编制单位的行政、技术、经济负责人的签字，编制单位还必须对其所编制报告的准确性、可靠性承担责任。

为保证可行性研究报告的客观性、准确性、科学性和公正性，可行性研究报告应在较为详尽且有一定深度的可行性分析（又可称为可行性研究）的基础上撰写，通常一份较全面的房地产开发项目可行性报告应包括：项目背景与概况、房屋动迁安置情况调查、市场调查和市场分析与预测、建设条件及资源供给情况分析、项目方案构想、开发建设进度安排、成本分析、财务分析、风险分析、建设资金筹措及使用计划、国民经济评价及结论与建议等内容。

由于可行性研究报告的编制、上报一般需消耗相对较多的人力及财力资源，且耗时较长，所以在现实的生活中，大多数投资商有初步的投资设想时，并不马上展开可行性研究报告的编报工作，通常的情形是，投资者先自行或聘请咨询顾问就项目的某一个或若干个关键性的问题进行调查、分析与论证,在认为该项目确有投资价值时,方委托有资格的咨询公司按规范的要求详细地编制可行性研究报告,以提高项目方案获得有权审批单位通过的概率。

(四)项目评估

项目评估是项目审批单位在审批项目前对拟建项目可行性研究报告进行检验、复核及评审的工作过程。按照我国现行有关规定,大中型和限额以上项目及重要的小型项目,必须经有权审批单位委托有资格的工程咨询单位进行评估论证。未经评估的项目,任何单位不准审批,更不准组织建设。项目评估必须由第三者负责,即既不可由审批单位进行评估,也不能由可行性研究报告的编制单位进行评估,以有利于克服可行性研究的局限性,为项目审批提供更为中肯公证的依据,减少决策失误,获得更好的投资效益。

房地产开发项目评估主要围绕市场研究、财务评估及国民经济评价等几个方面进行。

房地产投资可行性分析、可行性研究报告的撰写及项目评估是房地产项目投资咨询最主要的业务内容,不同的咨询机构应根据自身的实力,量力而行开展相应的业务。通常来讲,中小型的咨询公司大都没有能力为投资者开展全面的可行性研究工作,也不一定具备编制可行性研究报告或参与项目评估的资格,他们日常的投资咨询业务一般较为简单,最常见的是市场调查和市场分析与预测、投资时机分析、投资地段分析等单一的投资分析工作。要承接可行性研究报告的编制及项目评估业务,咨询公司必须具备相应的资格,目前该资格是由各部、省、市、自治区和全国性专业公司根据各公司的业务水平及信誉情况进行审定,并需报国家计委备案。即使是技术力量雄厚的咨询公司,有时在开展一些较大型项目的可行性研究或项目评估工作时,也需聘请若干优秀的专业人员共同合作,以保证可行性研究报告或项目评估结论和科学性、权威性和有效性。一个大型投资项目的可行性研究或项目评估工作的专家小组通常应包括:经济师、建筑师、工程师、估价师、规划师、律师、会计师、房地产经济学家甚至社会学家、环境学家等成员。

全面的可行性研究及项目评估两项业务在内容、深度、方法等方面基本相同,中小咨询机构所开展的较为单一的投资分析譬如市场分析等实际上也是全面可行性研究的一个分项,因此以下将以可行性研究为例,讨论投资项目咨询业务的开展、最基本的内容及方法。

二、投资咨询业务的开展

咨询公司一般按以下步骤开展可行性研究的工作:

(一)接受委托,制定计划

咨询公司在接受开发企业或投资者委托时,应与委托者签订合同,在合同中明确规定可行性研究的工作范围、目标意图、进度安排、费用支付办法及协作方式等内容,同时咨询公司应获得项目建议书及有关项目背景的资料和文件,弄清委托者的目的和要求,明确研究内容,制定工作计划,并收集有关的基础资料、基本参数、指标、规范、标准等基本数据。

(二)开展调查研究

主要包括市场调查与资源调查两个内容。市场调查的目的是查明和预测市场的供给与需求情况、竞争能力、价格走势及动态等,以便确定项目的经济规模及项目构成。资源调查的内容包括建设地点调查、开发原状情况调查及劳动力、交通运输条件、外围基础设施、环境保护、水文地质、气象等方面的调查，其目的是为下步的规划方案设计、技术经济分析提供准确的资料及数据。

（三）进行方案选择和优化

包括建立若干可选择的开发方案，会同委托者明确方案选择的原则及标准，采用技术经济分析的方法对方案进行反复论证和比较，评选出适宜的方案；论证项目在技术上的可行性，进一步确定项目规模、构成及开发进度。

（四）开展项目的经济评价

项目的经济评价是项目可行性研究和评估的核心内容和决策的重要依据，包括财务评价和国民经济评价两大部分，其目的在于论证项目在经济上的合理性和盈利能力，分析不确定因素对项目投资效益的影响，并在此基础上提出资金筹措计划及项目实施总进度计划。

（五）编制可行性研究报告

在上述工作完成后，即可编制一份详细的可行性研究报告，推荐一个以上的可行方案和实施计划，提出结论及建议，供投资者作为决策依据并上报有关主管部门进行项目的审批。

概括起来，整个可行性研究过程包括三个核心部分，一是房地产市场研究，二是技术方案，三是项目经济评价。除此之外，在可行性研究中，分析人员还通常会对有关投资策略的一些具体问题如投资规模、投资时机、投资组合、投资区位等做深入的研究，以期对投资者有更大的帮助。投资项目的经济评价因涉及较多的内容，故放在本章第四节讲述，以下只着重介绍市场研究与投资策略两个问题。

三、房地产市场研究

房地产市场研究就是在某一特定时点上对房地产市场的供需状况进行调查分析，并预计其未来的发展趋势的一种活动。其目的在于把握房地产市场的现状及未来态势，为投资者制定合适的市场对策、确定开发经营战略和投资决策提供可靠的依据。

市场研究首先是要确定研究目标。市场研究的目标因开发商经营的目标不同而有所不同。譬如开发商拟兴建住宅或酒店或其他某一类物业，则市场研究的重点就是这一类物业在某一区域内的需求情况；若开发商要为某一等待利用的土地寻求最佳的投资机会，则市场研究的重点就是分析那种土地利用方式能为投资者获得最大的经济效益。研究目标制约着研究的对象和方法，研究目标确定的正确与否直接影响着研究的效果。其次是进行市场调查，收集充分信息。最后是要对所搜集的相对零散的信息进行加工、整理、分析和预测，并输出分析预测的结果。市场研究两个最基本的环节就是市场调查与市场预测。

（一）市场调查

房地产市场调查是指运用科学的方法，系统地收集、整理和分析各种市场信息资料的活动。市场调查主要围绕着影响房地产市场供求变化的各种因素进行，其内容包括：

1. 宏观经济形势调查

国家宏观经济形势与房地产业直接相关。例如，目前国家所实行的一系列国民经济宏观调控政策尤其是收紧银根的金融政策，对房地产业就产生了巨大的影响，使房地产业很快地由旺转衰。所以咨询机构在开展市场调查时，首先应了解国家宏观经济的特性，判断整体经济形势是处于上升还是下降阶段，并预测该经济形势对房地产市场可能产生的影响。

要对宏观经济形势作出科学的判断，需要依赖于大量的信息，诸如经济发展速度、通货膨胀率、利率水平、信贷规模、房地产投资规模等，都是调查人员应调查分析的重点。

2. 市场需求情况调查

市场需求调查主要包括如下内容：

(1) 潜在需求量。即了解一定时期、一定地区内房地产购买力的实际水平，如某时、某地有多少个人和单位可拿出多少资金购买住宅。

(2) 市场占有率。即了解整个行业和同类产品在市场上的销售量，本企业和竞争企业的市场占有率。

(3) 人口的基本情况。人口是影响房地产市场需求量的主要因素之一。它的增长趋势、流动情况等与房地产市场密切相关。反映人口基本情况的资料包括人口数量、人口地区分布、人口流动性、家庭规模和人口增长率等。

(4) 居民收入水平。人们的收入水平同样是影响着房地产市场需求的重要因素。消费者能付得起购房费用的购房需求才可成为现实的有效的需求。收入调查的内容包括收入现状（总收入、可自由支配的收入、实际收入）和收入的发展趋势。实际收入增加了，人们的生活水平才会得到提高，才有能力追求更多的享受资料和发展资料。

(5) 顾客及其购买能力状况。包括调查市场上各类物业的顾客主要是什么人（譬如是单位还是个人？是港澳台同胞还是国内居民？等等），调查购买者对物业的满意程度如何。通常可根据各类物业的销售速度（如平均每月销售量）及销售对象了解物业购买者的主流及其实际的购买能力。

(6) 现有住房状况。包括现有人口的居住条件、人均居住面积等情况。

(7) 趋势分析。分析未来用户的构成、消费习惯，预测未来的需求动向，以使企业的发展方向适应房地产市场发展变化的要求。

3. 市场供给情况调查

调查的内容主要包括：

(1) 各类开发商的房屋建造情况。除了要调查正在建造的房屋数量外，还要调查在近期内准备施工的房屋数量，并了解各类开发商在中远期的开发计划及市场供应计划，以便更准确地把握未来房地产市场的供应情况，避免因超建而产生积压。

(2) 单位自建房屋情况、合资合作建房情况及个人建房情况。

(3) 空房率及租金水平。空房率及租金水平能在一定程度上反映房地产市场的供给情况，如空房率高、租金水平低并有不断回落的趋势，则说明房屋市场供给过剩，反之则说明供给相对紧张。

4. 竞争调查

常言道：知己知彼百战百胜。所以开发商要在激烈的竞争环境中获得生存和发展的机会，首先就必须要对企业的竞争能力有充分的了解。竞争调查包括项目竞争能力调查、竞争对手调查等。

市场调查的基本步骤是：

(1) 明确市场调查的范围。

(2) 选择市场调查的具体部分。

(3) 收集所需的原始资料及有关的第二手资料。收集的渠道包括报刊、杂志、政府有关部门公布的资料及机构在日常接待业务中所截获的信息。注意该信息收集工作不是一朝一夕的事，而是中介机构长期的不可间断的一项日常工作。

（4）选择调查方法，展开调查工作。调查方法总体上分为三种，即：全面调查、典型调查和抽样调查。无论采用何种方法，进行调查前一般都应预先拟定调查表，然后才派出调查人员上门访问或函寄调查表向被调查者征询。调查的结果是通过对所有填写好的调查表的整理分析而得出，它的精确度与调查方法、调查表以及被调查者有关。一般来讲，全面调查的准确度较非全面调查要高，但它需时较长耗费较高，故极少被采用；调查表设计不全面或有缺陷会影响调查的全面性及准确性；被调查者的不合作态度如不愿把真实的意见提供给调查者，也会给调查的结果带来影响。这种调查工作一般是为特定的调查目的而专门组织。

（5）处理和分析数据，得出最终结论。

咨询机构在开展投资可行性分析时，除了要进行房地产市场调查外，还有另一项相当重要的调查工作不可忽视，那就是开发地点的现场调查，包括调查现场的内外部条件、基础设施的配置等，这一部分的内容在第四章第三节已有详细的讨论，此处不再重复。

（二）市场预测

房地产市场预测是指运用科学的方法和手段，通过整理和分析从市场调查中得到的各种资料数据，对房地产市场未来的供求变化及发展趋势进行测算与判断的活动。市场预测与市场调查是紧密地联系在一起的，但两者的具体内容与步骤却不尽相同。房地产市场预测的内容主要有：

（1）市场需求情况预测。包括对市场需求的物业类型的估计及各类物业在市场上达到最大需求量的预测。

（2）市场供给情况预测。即对未来一定时间内各类房地产商品的总供给量的预测。

（3）市场购买力水平预测。包括对居民收入水平、消费对象及消费水平的预测。

（4）房地产商品销售预测。包括企业新建物业投入市场的适销性预测；企业市场占有率及销售率预测；销售时间预测；等等。

（5）房屋销售价格预测。即对各类物业的销售价格水平或租赁价格水平所作的预测。

市场预测分为定性预测与定量预测两大类型。定性预测是对未来市场的一般变动方向所作的预测，侧重于对事物性质的分析和预见。定性预测方法主要有德尔菲法、类推法。定量预测是对未来市场的变动规模、水平、速度、比例等数量方面所作的预测。定量预测方法主要有时间序列分析法、因果关系分析法和其他方法。不同的预测方法有不同的特点，对同一问题采用不同的方法会得出不同的预测结果，预测分析人员在进行房地产市场预测时，应合理选择适宜的预测方法。各种具体的预测方法及相应的技术在相应的教材中有讨论，故此处不作详述。无论采用何种方法，市场预测的过程均由以下步骤所构成：

（1）确定预测目标；

（2）收集、分析资料；

（3）选定预测方法及模型；

（4）进行预测；

（5）输出预测报告及分析预测结果。

四、房地产项目投资策略

房地产投资策略是指为房地产投资决策而事先安排的计划,主要包括以下内容:(1)准备投资多少——确定投资规模;(2)打算进行何种房地产投资——选择投资方向;(3)在何时投入——选择投资时机;(4)在何地投资——选择投资区位(5)准备采用何种方式筹资——筹资方案选择等等。这些实际上也都是投资可行性分析需要解决的问题,因此,作为咨询人员应对这类问题有所认识,以协助投资者制定合理的投资策略。

(一) 最佳投资规模

最佳投资规模从理论上说是盈利总和最大的投资规模。若考虑资金的时间价值,最佳投资规模是各种投资规模方案中净现值最大的投资规模。经过计算可知,当边际投资现值与它所带来的边际收入现值之和相等时,其投资规模为最佳投资规模。在图6-1中,投资现值以横坐标表示,收益现值以纵座标表示,与横坐标成45度角的斜线代表净现值等于零(即投资现值与收益现值相等)的曲线。图中 A 点的切线斜率与净现值为零的直线斜率相同(均为1)。根据上面的结论可知,A 点所对应的投资规模 KP 为最佳规模。这一投资规模下的净现值最大。

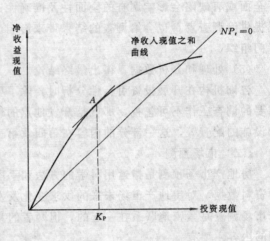

图6-1 最佳投资规模

(二) 投资方向

房地产投资方向是根据房地产市场的需求状况而选择的,房地产投资的项目多种多样,譬如有公寓楼、办公楼、商业住宅、旅馆饭店、土地投资、住宅区或工业区整体规划开发建设等,不同的投资项目所需的资金不同,可能获得的利润也不同。确定投资方向的基本原则是:选择能够产生较大的经济效益的项目。除此之外,项目选择还受到投资者所拥有资金数额的限制,譬如资金额小的只能投资小型公寓、商店等,资金额大的可投资于大型购物中心、商场等。另外,项目的选择还应该考虑投资地区的特点,如旅游区可建饭店旅馆、新兴工业区可建厂房等。还有一点值得注意的是,不同的项目有不同的风险,因此还需根据投资者承受风险的能力选择投资项目。总之,投资方向的最终确定需对各方面的因素作通盘的考虑,方能减少失误。

(三) 投资时机

经济运行的周期性变化使房地产业的发展也具有周期性,因此在房地产投资前必须要正确预测经济发展规律,判断政治经济形势是否有利于投资。把握投资时机的关键是正确预测经济运行的周期性变化规律。当然咨询人员不可能十分准确地计算出经济运行到达顶峰或到达低谷时的日期,但只要抓住其发展变化的大致趋势,就可以协助投资者进行决策。如在预测到经济有上升趋势时可进行投资或增加投资;在预测到经济有下滑趋势时就要谨慎投资或减少投资。

(四) 投资区位

如第四章所讲述的一样,投资区位有宏观区位及微观区位之分。由于我国疆域辽阔,各地区的经济发展与房地产业发展极不平衡,因此在选择投资地区时,应进行的认真的调查与分析,预测各地区经济发展的前景。至于微观区位的选择,则重点在于预测城市的未来布局尤其是的中心区位及门户区位的变化趋势。

（五）筹资方案

筹集资金是房地产投资一个最重要的环节,房地产投资所需的资金大部分为非自有资金,它们通过各种的渠道如银行信贷、社会集资、合资合作等而筹得。房地产咨询机构或咨询人员在筹资方面给予投资者的帮助通常在于为投资者选择合理的筹资方案。一个合理的筹资方案必须在币种、数量、期限、成本四个方面满足房地产开发项目对投资的需求,而对筹资方案的选择则取决于对筹资的数额、流量、资金来源结构、筹资步骤安排、筹资风险评价和筹资成本分析等的综合评价结果。评价筹资方案的指标主要有安全性指标——反映筹资的风险程度;经济性指标——反映筹资成本的高低;以及可行性指标——反映资金的落实程度。较好的筹资方案应该是风险较低、筹资成本较小以及资金的落实程度较高。确定筹资方案后,咨询人员通常还需要为投资者拟定具体的资金筹措及资金使用计划。

第四节 投资项目财务评价

如前所述,投资项目经济评价是项目可行性研究的有机组成部分和重要内容,包括财务评价和国民经济评价两个方面。财务评价的出发点是企业的微观利益,它站在企业的立场,从财务角度对项目进行考察;国民经济评价的出发点是国民经济的宏观效益,它站在国家的立场,从国民经济综合平衡角度对项目进行考察。从理论上说,只有财务评价和国民经济评价都可行的项目或方案才能被通过,当两种评价的结论产生矛盾时,项目或方案的取舍取决于国民经济评价的结果。但根据我国的实际情况,目前在房地产投资经济评价中,一般仅以财务评价为主,只有当投资项目对国民经济建设有举足轻重的意义和作用时,才开展项目的国民经济评价工作。

一、财务评价的含义与程序

财务评价即通常所说的财务分析,它是指根据国家现行财税制度和现行价格,分析测算项目的效益和费用,考察项目的获利能力,清偿能力及外汇效果等财务状况,以判别工程建设项目在财务上的可行性的一种活动。

财务评价的程序大致可分为三个步骤：

（1）通过收集、分析和预测,获得项目投资、生产成本、销售收入等一系列的财务基础数据；

（2）编制基本财务报表,计算各项评价指标,进行财务分析；

（3）进行不确定分析。

以下将对各项内容作简要的介绍。

二、财务基础数据的测算

各项财务基础数据的测定,是开展财务评价的前提,基础数据测算的准确与否,直接影响着财务评价的结果和质量。评价前基础数据的测算工作主要包括：

(1) 总投资（成本）估算。一个开发建设项目的投资总额通常由土地征用拆迁补偿安置费、前期工程费、市政工程建设费、公共服务和生活设施配套费、建筑和安装工程费、经营管理费、各种税收费用及利息支出等项目组成。咨询人员必须具备相当的工程概预算知识及其他相关知识，进行深入的调查研究，依据项目建议书、工程项目一览表、设计方案和图纸、地区材料预算价格、资金来源和利率以及其他有关的一系列原始资料，方能做好项目投资的估算工作。此外，考虑到从投资开始到收回需要一定的时间，在这段时间内某些的因素可能会导致成本的上升，因此，在进行投资估算时可适当地按一定的上浮率计算各年的成本值，并对一些不可预见的费用进行初步的测算。

(2) 总收入估算。房地产开发项目的收入主要有两项，一项为销售收入，如出卖熟地的收入，出卖商品房的收入等。另一项为其他收入，如提供各种服务所取得的收入等。两种收入中，最主要的占比重较大的是销售收入，所以总收入估算关键是要估计销售收入。销售收入由销售量和销售价格决定。销售量如可售熟地的面积或可售商品房的面积主要由规划条件限制，可按有关的政策、规划方案及技术经济条件进行测定，其测定的办法相对较为简单。销售价格因受区位、市场、政治经济形势、国家政策等诸多方面的影响而极易产生波动，所以其测定相对较为复杂。因此售价的测定是项目总收入估算的关键。咨询人员应熟悉房地产价格评估的基本知识及方法，运用市场比较法、收益还原法、成本法等预估售价，并可把各种方法的评估结果相互对比，再综合考虑影响房地产价格的各种因素，最后测定项目完成后的售价，以确保所估算的项目总收入更贴近实际的情形。

三、财务评价方法与指标体系

财务评价与分析工作的开展必须借助财务报表、财务评价指标体系和运用相应的财务评价方法。

(一) 财务预测报表

在财务评价与分析过程中，最经常使用的财务预测报表包括有：

(1) 现金流量表。一个开发项目在某一时点上所支出的费用称为现金流出量，在某一时点上所取得的收入称为现金流入量，同一时点上现金流出量与现金流入量的代数和称为净现金流量。现金流出量、现金流入量及净现金流量统称为现金流量。开发项目的现金流量情况可以用两种形式表达，其一是现金流量图，它将现金作为时间函数，把投资全过程中各年度的现金流入流出情况用图的形式表示出来（如图 6-2）所示。其二是现金流量表，它以表格的形式反映出现金流入、现金流出、净现金流量以及对应的时间。

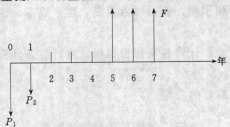

（图中 P 为现金流入，F 为现金流出）

图 6-2 现金流量图

现金流量图或表可一目了然地显示投资期、现金流出及现金流入等情况，应用图表可计算出一系列的动态指标如净现值、净现值率、内部收益率等和静态的投资回收期指标。

（2）损益表。该表能反映出项目各年的销售收入（包括出租收入）、营业成本和营业利润。应用此表可计算一些静态的获利能力指标如投资利润率、投资利税率等。

（3）财务平衡表。该表能反映出企业一定时期资金来源与资金运用之平衡关系。应用此表能测算企业各年的资金盈余或短缺情况，作为选择资金筹措方案、制定合适的借款及偿还计划的依据，同时还可利用其计算借款偿还期指标，进行清偿能力分析。

各种财务报表都是依据总投资估算及总收入估算所测定的基本数据而编制。

（二）财务评价方法

项目财务评价的方法包括有静态分析法与动态分析法。项目财务评价常将动静态分析方法结合使用，并一般以动态分析为主。

1. 动态分析法

财务效益动态分析是采用现金流量折现的方法对项目进行财务分析，所以它又被称为折现法或现值法，其特点是：第一，在分析过程中考虑资金的时间价值，即按资金占用时间的长短，按指定的利息率计算资金的实际价值；第二，以项目整个寿命期间的资金运行情况来全面分析项目的经济效益。所以动态分析法能正确对项目财务可行性作出符合实际的评价，在项目财务评价中被广泛使用。进行财务动态分析时通常要计算如下指标：

（1）财务净现值。是指项目按行业基准收益率或设定的折现率将计算期内各年的净现金流量折现到基准年的现值之和。它是反映项目盈利能力的绝对指标。财务净现值大于或等于零的项目可以考虑接受。对于同一项目来讲，财务净现值越大，项目效益越好。财务净现值指标计算公式为：

$$FNPV = \sum_{t=1}^{n}(CI-CO)_t/(1+i)^t = \sum_{t=1}^{n}CF_t/(1+i)^t$$

$$= \sum_{t=1}^{n}CF_t \times a_t$$

式中　$FNPV$——财务净现金流量；

CI——项目现金流入量；

CO——项目现金流出量；

i——折现率；

CF_t——$(CI-CO)_t$——第 t 年净现金流量；

a_t——$(1+i)^t$——第 t 年的折现系数；

n——计算期。

（2）财务净现值率。是指财务净现值与全部投资现值之比。它是反映项目单位投资效益的相对指标，主要用于比较与选择不同的投资方案。财务净现值率大于或等于零的项目可以考虑接受，对于投资额不同的项目，净现值率越大，项目的效益越好。财务净现值率指标计算公式为：

$$FNPVR = FNPV/PVI$$

式中　$FNPVR$——财务净现值率；

PVI——项目总投资现值。

(3) 财务内部收益率，是指项目在计算期内各年财务净现金流量现值累计为零时的折现率。它反映项目以每年的净收益归还投资（或贷款）后，所能获得的最大投资利润率（或利息率），表明项目整个寿命期内的实际收益率，即项目可能的最大利润率。内部收益率大于贷款利率并同时大于或等于行业基准收益率的项目，在财务上可考虑接受。财务内部收益率指标的计算公式为：

$$FNPV = \sum_{t=1}^{n}(CI-CO)_t/(1+IRR)^t = 0$$

式中 IRR——内部收益率。

IRR可采用试差法求出，即先按实际贷款利率或基准收益率作为折现率，计算项目财务净现值，如为正值，则采用更高折现率，分别使计算得出的净现值为接近于零的正值和接近于零的负值。然后按下式计算，求得近似的净现值为零的最大折现率，即内部收益率。注意计算出的净现值为正值和净现值为负值的折现率之间差值不应超出1%~2%，最多不超过5%，否则内部收益率计算出来精度不够。

$$IRR = i_1 + \frac{PV_1(i_2-i_1)}{|PV_1|+|PV_2|}$$

式中 i_1——当净现值为接近于零的正值时的折现率；

i_2——当净现值为接近于零的负值时的折现率；

PV_1——采用低折现率i_1时的净现值；

PV_2——采用高折现率i_2时的净现值；

$i_2-i_1<5\%$

2. 静态分析法

静态分析法的特点是：第一，在分析过程中不考虑货币的时间因素，它是一种以静止的观点来分析项目获利能力与偿债能力的较为简单的分析方法；第二，采用该方法进行财务分析时，通常只选择某一典型年份的现金流量或年均现金流量来计算一些经济指标，以评价项目的财务效益。所以静态分析方法有很大的局限性，进行财务评价时，静态指标一般只是作为项目投资效益评价的参考依据。进行静态分析时需计算如下指标：

(1) 投资回收期。是指以项目的净收益抵偿全部投资所需要的年限。它是反映项目投资回收速度的指标。在进行财务分析时，一般应将计算出的投资回收期与行业标准回收期相比较，当前者小于或等于后者时，可认为项目可行。投资回收期指标的定义公式为：

$$\sum_{t=0}^{P_t}(CI-CO)_t = 0$$

P_t通常可利用财务现金流量表进行计算，其计算公式为：

$$P_t = (累计净现金流量开始出现正值的年份数 - 1) + \frac{上年累计净现金流量的绝对值}{当年净现金流量}$$

如果投资在期初一次投入，投资当年受益且收入从开始起每年保持不变，投资回收期指标的计算公式为：

$$P_t = K/S$$

式中 P_t——投资回收期;

K——项目全部投资总额;

S——年均利税总额。

(2) 投资利税率。项目建成投产或交付使用后,年平均利税总额与项目总投资的比率。投资利税率指标的比较标准是行业的基准投资利税率,投资利税率高于行业基准利税率的项目,可以考虑接受。对于同一项目来说,投资利税率越高,项目对国家财政贡献越大。投资利税率指标的计算公式为:

$$E = S/K$$

式中 E——投资利税率;

S——年均利税总额;

K——项目全部投资总额。

(3) 投资利润率。项目建成投产或交付使用后,年平均利润总额与项目总投资的比率。它反映的是每一单位投资额所带来的收益。投资利润率指标的计算公式为:

$$L = R/K$$

式中 L——投资利润率;

R——年均净利润;

K——项目全部投资总额。

(4) 借款偿还期。是指在国家财政规定及项目具体财务条件下,项目投产后可以用作还款的利润、折旧及其他收益偿还固定资产投资借款本息所需要的时间。它反映项目的清偿能力。借款偿还期指标的计算公式为:

$$I_d = \sum_{t=1}^{P_d}(R_d + D' + R_0 - R_r)_t$$

式中 I_d——投资借款本利和;

P_d——借款偿还期(从建设开始年计算);

R_d——年利润总额;

D'——可用作还款的年折旧;

R_0——可用作还款的其他年收益;

R_r——还款期的企业留利;

$(R_d + D' + R_0 - R_r)_t$——第 t 年的可用于还款的收益额。

借款偿还期指标还可直接从财务平衡表推算,其公式为:

$$P_d = (借款偿还开始出现盈余的年份数 - 1) + \frac{当年应偿还借款数}{当年可用于还款的收益额}$$

(三) 财务评价指标体系

财务评价指标体系可用图 6-3 表示。

如前所述,指标在应用过程中大多有一比较的基准,如行业基准收益率、行业基准投资利润率、行业基准投资利税率等,它们被称之为财务评价参数,这些参数一般由各行业定期组织测算,由国家综合部门平衡后发布,以作为判定项目财务指标优劣的依据。项目财务评价过程中,经常遇到两个问题,其一是评价某单一的方案在财务上是否可行;其二是在若干可行的方案中选择一最佳方案。以上所有指标均可判定项目的可行性,但唯一只

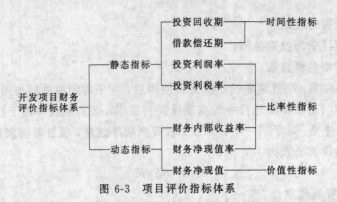

图 6-3 项目评价指标体系

有财务净现值率是确定项目优劣顺序的较为可靠的标准。作为咨询人员，必须熟悉评价指标的基本概念和计算方法，懂得运用所计算的指标值对拟建项目或方案进行筛选、优序，指出项目是否可行或评议出最优方案。

四、不确定性分析

所谓不确定性，是指对项目有关的因素或未来情况缺乏足够的情报而无法作出正确的估计。不确定性的存在使项目决策具有风险性。这里所说的风险是指由于随机原因所引起的项目总体的实际价值对预期价值之间的差异。进行项目财务评价时，一系列动静态指标的计算及财务评价的结果取决于各项以预测、估计办法所取得的基础数据，其中，有些数据对项目结果影响较大且变动较大难以正确估计，譬如有：土地价格、建造成本、建设周期、贷款利率、租金或售价等等，这些数据的预估值可能会因未来形势的变动而与未来的客观实际并不完全相符，这就为项目投资带来了潜在的风险。举一个最典型的例子，售价这一数据的确定，是通过与市场上近期成交的类似物业的售价进行比较、修正后得出的，由于在开发期间同类物业供需关系的变化以及政治、经济和社会因素的变化对售价的影响很难被准确地测定，所以有的时候，预估值和实际值之间会有较大的差别。如果实际值低于预估值，开发商就要承担利润降低的风险。为了估算主要因素发生变化对经济评价指标的影响，预测项目可能承担的风险，在进行项目财务分析时，必须进行不确定性分析，以确定项目的财务、经济可靠性。不确定性分析包括敏感性分析和概率分析。

（一）敏感分析

所谓敏感性分析，就是通过测定和分析项目的一个或多个不确定因素的变化对经济评价指标的影响，了解各个因素的变化对投资目标的重要性，从而对外部条件发生不利变化时投资方案的承受能力作出判断。敏感性分析的内容和步骤如下：

1. 确定分析指标

敏感分析指标应与财务评价指标一致，财务分析中的各项指标如 NPV、IRR、投资回收期等，都可以作为敏感分析指标，敏感分析可以围绕其中最重要的一个或若干个指标进行。

2. 选定需要分析的不确定性因素，设定这些因素的变动范围

影响项目效果的因素很多，但并没有必要对所有这些因素进行敏感性分析，选择分析因素时应从以下两个方面加以考虑：第一，预计在可能变动的范围内，该因素的变动将会比较强烈地影响方案的经济效益指标；第二，对在确定性经济分析中采用该因素的数据的

准确性把握不大。对于房地产开发项目，要作敏感性分析的因素主要有：投资额、建造成本、建设周期、建筑面积、租金或售价、折现率（投资收益率）等。

3. 计算不确定因素变动所造成的经济指标变动的结果

逐一计算需分析的不确定因素变动时，经济指标的变动结果，并以图或表的形式表示，以测定敏感因素（见表6-1）。

4. 确定敏感因素

在敏感性分析中可以发现，有一些因素只要稍作变动，就会引起经济指标的明显变化，这些因素被称为敏感因素；而另一些因素，当其改变时，经济指标的变化并不显著，这些因素被称为不敏感因素。敏感性分析的主要目的就是通过分析找出敏感因素，并确定其对经济指标的影响程度。例如从表6-1的分析中可以得知，该例子中的房地产开发项目最敏感的因素是投资收益率，之后依次为售价、建筑面积、建造成本、地价。

不确定性是房地产投资风险的根源，但各种因素的不确定性给项目带来的风险程度是不同的，敏感性强的因素的不确定性给项目带来的风险更大一些，所以更应引起分析者及投资者足够的重视。

某房地产开发项目敏感分析表　　　　　　　　　　表6-1

经济指标	基准方案	地价变动		建造成本变动		建筑面积变动		售价变动		投资收益率变动	
		+10%	-10%	+10%	-10%	+10%	-10%	+10%	-10%	+10%	-10%
净现值（万元）	1124	1024	1224	995	1253	1442	807	1466	783	421	2214
财务内部收益率	30.8%	28.4%	33.4%	28.2%	33.5%	34.8%	26.3%	35.8%	25.5%	30.8%	30.8%
投资回收期（年）	3.5	3.6	3.4	3.65	3.35	3.5	3.5	3.27	3.78	3.5	3.5

（二）概率分析

概率分析是使用概率方法研究房地产项目不确定因素对项目经济评价指标影响的一种定量分析方法。在不确定性分析中，概率分析是对敏感性分析的一种补充。敏感分析有其局限性，它只能指出各种不确定性因素发生某种变动时对经济指标或者说对项目盈利性的影响，而不能告知出现这种变动的可能性有多大以及在这种可能性下对项目效益的影响。概率分析则可以通过事先主观或客观地测定影响项目的各因素发生变动的概率分布，来推求项目在某种风险条件下获利的可能性，并对开发商所承担的风险作出定量的估计。例如图6-4就是对某项目进行概率分析后的结果。该结果表明项目净亏损的可能性——净现值小于零的概率为15.15%；盈利的可能性——净现值大于零的概率为84.85%。除此之外，利用此净现值概率分布图还可计算出净现值小于－1000万的概率、净现值大于3000万的概率等等。通过诸如上述概率的计算，分析人员及决策者就能对项目风险和实现各种目标值的可能性作出估计，这对项目决策是极有裨益的。

概率分析的关键是要准确估计各变量的变化范围及变化的概率，这是保证分析结果准确的前提。概率有主观概率与客观概率之分，客观概率是在某变量过去长期的历史数据基础上进行统计、归纳得出的，在我国当前市场资料不完整的情况下，测定各变量的客观概

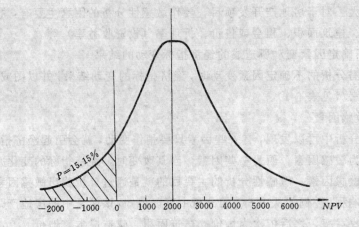

图 6-4 某房地产项目概率分析图

率是比较困难的,所以在分析过程中人们也经常要使用建立在主观估计基础上的主观概率分布来进行分析。正因为这种原因,我国有些学者认为概率分析法在理论上虽然较为完善,但实用性不强,因而对其持否定态度,在实践中,分析人员在对项目进行财务评价时,也较小使用概率分析的方法。但是,随着我国房地产市场信息的收集、分析、处理、预测等方面的发展以及计算机的普及,概率分析法将会得到越来越广泛的应用。

思 考 题

1. 房地产咨询的含义是什么?房地产咨询业务一般包括哪几项业务内容?
2. 房地产咨询主要有哪些形式?
3. 房地产咨询服务具有什么特点?
4. 什么是房地产市场信息?房地产市场信息可分为哪几种类型?
5. 开展房地产信息咨询工作需经历哪几个环节?
6. 试述房地产咨询公司开展可行性研究工作的步骤。
7. 投资项目财务评价的方法主要有哪几种?

第七章 房地产估价基本知识

除非房地产经纪人同时拥有估价师的资格,否则经纪人不单独开展房地产估价业务,但这并不表明经纪人可以完全不涉足房地产估价的领域。在房地产交易中,经纪人需对交易房地产的价格有大致的把握,才能在交易双方协商价格时进行协调周旋;在投资可行性分析中,准确预测投资房地产未来的价格走势,才能为投资商作出正确的投资决策。房地产价格是房地产交易或投资最重要最敏感的因素,在大多数情形下,它甚至决定着交易或投资的成败。因此,作为房地产交易中介及房地产投资顾问的房地产经纪人必须对房地产估价的有关理论知识及实际运作有一定深度的了解,以期对自身的业务有更好的帮助。本章将从这个角度,讨论房地产估价的基本知识及基本方法。

第一节 影响房地产价格的因素

房地产价格的高低,是由众多影响房地产价格的因素的相互作用所决定的。这些因素,有的使房地产价格升高,有的使房地产价格降低;有的对房地产价格的影响力较强,有的对房地产价格的影响力较弱;有的与房地产价格成线性关系,有的与房地产价格成非线性关系;有的可通过建立数学模型来测算其对房地产价格的影响,有的则无法用数学公式表达。种种情形错综复杂,使人们对于房地产价格的把握,既需借助若干科学可行的技术计算方法,又不能完全简单地依赖某些计算公式来解决问题。对影响房地产价格的各种相关的因素的综合分析,是对房地产价格进行正确估计的一个相当重要的环节,它既能为测算房地产价格提供基础资料,又能为测算结果提供修正的依据。因此,无论经纪人还是估价师,要准确把握房地产的价格,首先第一步就是要准确把握有那些因素会对房地产价格产生影响,以及它们的影响方向及影响程度。

影响房地产价格的因素多且复杂,但我们可以将其进行归纳、分类。鉴于认识的角度不同,归纳分类的方法也不一样。在此处,我们将影响房地产价格的因素划分为一般因素、区域因素和个别因素。

一、一般因素

影响地价的一般因素是指对土地价格高低及其变动具有普遍性、一般性、和共同性的影响因素。这些因素对较广泛地区的房地产价格水平有所影响,而对具体的房地产价格的影响则并不明显。一般因素主要包括行政因素、经济因素、社会因素、人口因素、心理因素和国际因素等六大项。

(一) 行政因素

影响房地产价格的行政因素,是指影响房地产价格的有关制度、政策、法规以及行政措施等方面的因素,主要包括:

1. 土地制度和住房制度

土地制度和住房制度对房地产市场有着必然而直接的影响,一般来讲,科学合理的土地制度、住房制度以及相应的有关政策有助于房地产市场的正常发展,并促进房地产价格体系的建立。

2. 城市发展战略、城市规划和土地利用规划

这几项因素对房地产的价格有着很大的影响。由于城市规划中的土地用途、容积率、覆盖率、建筑高度等指标对于土地的利用率有着较大的影响,因而它们在很大的程度上影响着土地的价格。至于城市发展战略、土地利用规划等则是影响着房地产所处地区的发展前景的潜在因素,因而也在一定程度上影响着房地产的价格。

3. 房地产价格政策

房地产价格政策抽象来看有两类:一类是高价格政策;一类是低价格政策。所谓高价格政策,是指政府对房地产价格放任不管,或有意通过某些措施抬高房地产价格;所谓低价格政策,是指政府采取种种措施抑制房地产价格的上涨。政府实施不同的政策,房地产的价格就会有不同方向的变动,实施高价格政策会促使房地产价格的上涨,实施低价格政策会促使房地产价格的下跌。

4. 税收政策

政府对房地产经营活动过程中的课税,会减少利用房地产的收益,从而影响房地产交易的积极性以至造成房地产价格的低落。值得注意的是,不同的税种和税率对房地产的影响是不同的,而且课税还有一个转嫁的问题,如果某种对房地产的课税可以通过某种途径部分或全部地转嫁出去,那么,该课税对房地产价格的影响就很小,甚至不起作用,甚至还有可能推动价格的上涨。

5. 交通管制

物业所处地区的交通情况,对物业的使用有较大的影响。在某地区实行交通管制如严禁某类车辆通行、实行单行道等,会对该地区的房地产的使用效能产生或好或坏的影响,这种影响是因不同的物业(不同的功用、不同的地点)而异的。如在住宅区内禁止货车通行,可减少噪声、保障行人安全,因而会提高房地产的价格;在商业区内禁止货车通行则有可能造成运输不便而影响营业,从而会降低房地产的价格。所以交通管制对房地产价格的影响应视具体情况而进行具体的分析。

6. 行政隶属变更

房地产所处地区的行政隶属关系发生变化会对该地区的房地产价格产生影响。例如将某个非建制镇升格为建制镇;将某个建制镇升格为市;或将某个城市升格为地级市、省辖市、直辖市等,都会促进该地区的房地产价格上涨。同样,将原来属于某一较落后地区的地方划归另一较发达地区管辖,也会促进这一地区的房地产价格上涨。相反,则会导致房地产价格下跌。

7. 特殊政策

对于某些地区实行开放、优惠政策,往往会提高该地区的房地产价格。如我国几个特区城市,因享受中央的特区政策,所以经济发展较快,房地产价格也大幅度上升。再如,中央决定开发上海浦东区的政策一出台,该区的房地产价格也大幅攀升。

(二)经济因素

经济因素是房地产市场的基础，经济状况的好坏制约着房地产市场的运作。所以经济因素是影响着房地产价格的一个极为重要的因素。影响房地产价格的经济因素主要包括：

1. 经济发展状况

经济的持续高速发展，通常预示着投资生产活动的活跃，一般来说经济发展愈快，对住宅、厂房、办公楼、商场和各种文娱设施等的需求增长就愈快，由此必然会引起房地产价格尤其是土地价格的上涨。

2. 社会的储蓄、消费、投资水平

房地产市场在很大程度上是由储蓄、消费、投资等因素所支撑着的，其水平的高低，对房地产市场的发育及房地产市场的价格有很大的影响，一般来讲，社会储蓄、消费、投资水平高，房地产价格也较高；社会储蓄、消费、投资水平低，房地产价格也会偏低。

3. 财政收支及金融状况

国家的资金投放、银行资金的宽松与否、利息率及通货膨胀率的高低、金融业与房地产业的资金融通程度等，都会影响房地产的交易及价格。例如目前国家所采取的收紧银根的金融政策，就对房地产的投资活动产生了较大的影响，使房地产投资与交易迅速减弱，从而使房地产的价格有了一定程度的回落。

4. 物价

房地产价格与物价是成正相关关系的。譬如通货膨胀造成物价上升，表明货币供应量增加，原来每单位货币所代表的商品价值减少，此时要购买与原来价值等同的商品（包括房地产商品）就必须支付比原来更多的货币。这种情况下，房地产价格与物价以相同的幅度向同一方向发生变化。物价的变动也可以以另一种方式影响房地产的价格：如建筑材料价格上涨，引起建筑物建造成本增加，从而使房地产价格上涨；食品价格上涨，引起建筑人工费用增加，从而带动房地产价格上涨等等。当然，房地产价格的上涨也有可能会带动物价的上涨，这两者的关系是比较复杂的，通常会互相影响或互为因果。

5. 居民收入

居民实际收入的增加，反映着人们生活水平的提高，所以居民实际收入的增加通常会促进房地产市场需求的增加，从而导致房地产价格的上涨。相反，居民实际收入的减少，则会导致房地产价格的下滑。

（三）社会因素

影响房地产价格的社会因素主要有：

1. 政治安定状况

政治安定状况是指现有政权的稳固程度，不同政治观点的党派和团体的冲突情况等。一般来讲，政治不安定，意味着社会动荡，因而容易导致房地产价格的下跌。

2. 社会治安程度

社会治安程度，是指小偷、抢劫、强奸、杀人等社会犯罪情况。物业所处地区的治安环境的好坏，决定着居住生活在该地区的人们的生命财产安全是否能够得到应有的保障。所以在购置物业时，人们大都首选治安状况良好的地区的物业，由此造成了治安状况良好的地区的房地产价格要高于治安状况不良的地区的房地产价格这一种现象。

3. 房地产投机

房地产投机对房地产价格会产生较大的影响，其影响的结果是可以归纳为以下三种情况：第一，引起房地产价格上升。例如，当房地产价格上升时，那些预测房地产价格会进一步上涨的房地产投机者们，会加入抢购房地产的行列，哄抬价格，从而促使房地产价格进一步上涨。第二，引起房地产价格下跌。例如，当房地产价格下跌时，预测到价格还会进一步下跌的投机者会纷纷抛售房地产，从而促使房地产价格的进一步下跌。第三，起着稳定房地产价格的作用。虽然在有的情况下，投机者在过于乐观或悲观情绪的驱使下所作出的抢购或抛售房地产的行为，会造成房地产价格的剧烈波动，但在有的情况下，房地产投机者的投机行为又会起到调节房地产价格的作用。例如，当房地产价格下跌时，有部分投机者会购入房地产以待日后价格上涨时抛出，造成了房地产需求的增加；当房地产价格上涨时，有部分投机者会抛出手中的房地产，造成房地产供给的增加，从而起到平抑房地产价格的作用。

4. 城市化

城市化使人口向城市地区集中，造成了房地产需求的不断增加，从而带动了房地产价格的上涨。

（四）人口因素

人口是产生房地产需求的主体，所以人的数量、素质等情况会对房地产价格产生影响。影响房地产价格的人口因素主要包括：

1. 人口数量

人口数量的多少可用人口密度这一指标来表示。人口密度对房地产价格的影响有正反两个方面：一方面，人口密度高，会增加房地产市场的需求，提高房地产的价格；另一方面，人口密度过高，也极可能会造成生活环境的恶化，从而降低房地产的价格。

2. 人口素质

社会的文明程度，人们所受的教育程度、文化水平、生活水平等可以反映出一个地区的人口素质。一个地区的人口素质愈高，人们对于生活环境、居住条件的要求就愈高，从而促使房地产的价格水平趋高。相反，如果某一地区的居民素质偏低，组成复杂、秩序混乱，必然会影响到该地区的生活居住条件，从而造成该地区的房地产价格的低落。

3. 家庭规模

家庭规模是指社会或某一地区家庭的平均人口数。一个家庭即为一个居住单位。所以，即使社会总人口数量不变，只要家庭规模发生变化，也会导致到社会对住宅需求数量的变动。例如，由于目前家庭规模有不断小型化的趋势，因而扩大了对住宅单元的需求，从而导致了房地产价格的上涨。

（五）心理因素

心理因素对房地产价格的影响有时是不容忽视的。影响房地产价格的心理因素包括有：购买或出售心态；欣赏趣味；时尚风气；接近名家住宅心理；讲究门牌号码或土地号码；讲究风水；价值观的变化等等。

（六）国际因素

现代社会由于国际间的交往相当频繁，使得一国经济政治文化常影响到其他有关国家和地区。国际经济、军事、政治等环境如何，对房地产价格也有很大的影响。影响房地产价格的国际因素包括有：

1. 国际经济状况

国际经济状况良好,一般有利于房地产价格的上升。

2. 军事冲突情况

一旦发生战争,战争地区及受到战争威胁或影响的地区,其房地产价格必然下降。

3. 政治对立状况

国与国之间的政治对立,难免会出现经济封锁、冻结贷款、终止往来等情况,这些均会导致房地产价格的下跌。

4. 国际竞争

国与国之间为吸引外资而进行的竞争激烈时,则房地产的价格一般较低。

二、区域因素

区域因素是指对某地区的房地产价格水平有所影响的因素。它包括某地区的房地产供求情况以及对房地产价格产生影响的区位条件。

（一）房地产供求状况

供给和需求是决定价格水平的最终因素,其他所有的因素,不是通过影响供给就是通过影响需求进而影响价格。房地产的价格与其他商品价格一样,也是随着需求的增加而上升,随着供给的增加而下跌。房地产经纪人应该随时密切留意房地产市场的供求状况,以观察其对房地产价格的影响。

（二）对房地产价格产生影响的区位因素

对于不同使用功能的物业,影响其价格的区位因素是不同的。譬如,对商业性物业的价格产生最大影响的区位因素主要是物业所在地区的繁华程度、交通方便程度、人口流量及购买力等;对居住性物业的价格产生最大影响的区位因素主要是物业所在地区的居住环境与生活便利条件等;而对工业仓储等物业的价格产生最大影响的区位因素则是交通条件、基础设施条件、工业集聚条件、规划限制及环境保护限制等方面。

三、个别因素

个别因素是指由于个别房地产本身的条件而对其价格水平有所影响的因素。个别因素又可分为物理因素与环境因素两大类。

（一）物理因素

所谓物理因素,是指反映房地产自身的自然物理性状的因素。这些因素也会对房地产价格产生影响。影响房地产价格的物理因素包括有:

1. 位置

位置的优劣因对房地产的使用效能的发挥有相当大的影响,所以房地产所处的位置是左右房地产价格的一个极为重要的因素。位置优劣与房地产价格成正比关系,这几乎是一个人所共知的常识,关键性的问题在于何为优、何为劣。衡量某一房地产所处位置是否优劣的主要依据包括有:其所在地段的繁华程度、交通条件、城市基础设施和社会服务设施状况、环境条件等等。此外,还有两个问题需要特别注意:其一是,对于不同使用功能的物业,衡量其位置优劣的标准是有所不同的;其二是,房地产的位置实际上已不单纯是一个自然因素,它要受到其所属地区的社会、经济、行政等多项因素的制约。所以,虽然房地产的位置是不能移动,但其优劣条件却会随着经济建设的发展而发生相对的变化。所以估计某一物业未来的价格水平,较为重要的一点就是要准确判断该物业所处位置的各项条件可能的变动状态。

2. 地质

地质条件决定着土地的承载力。地质愈坚实,承载力愈大,愈有利于建筑(尤其是高层建筑)使用。而且,地质条件决定着建设费用的大小,地质条件愈差,开发中所需投入的基础建设费用就愈大。所以,在城市用地中,地质条件对地价的影响较大。地质条件与地价成正比关系,即地质条件优越,地价较高;地质条件低劣,地价较低。

3. 地形地势

地形地势之所以会对房地产的价格产生影响,是因为地形地势的平坦、起伏、低洼、高低等差异会造成房地产开发成本或利用价值的差异。一般来讲,地势高、土地平坦,地价就较高;地势低、土地高低不平,地价就相应较低。

4. 土地面积与土地形状

土地面积大小的合适与否及土地形状的规则与否,都会土地的经济利用产生一定的影响,所以土地面积及土地形状对地价也有一定的影响。一般来讲,土地面积过小或土地形状不规则都会影响到土地的有效利用,故其地价也相应较低。

5. 日照、通风

日照、通风与人们的生活密切相关,一般来说,人们较喜欢在日照适度、采光通风条件较好的环境中工作或居住,所以朝向、采光、通风状况较为理想的房地产,其价格一般相应较高。

6. 建筑物外观

建筑物的外观是指建筑式样、风格、颜色等,它对房地产的价格也有较大的影响。如果建筑物的外观新颖、有创意、与四周环境相协调,则对物业购置者就有更大的吸引力,从而使价格得到提高;反之若建筑物外观令人讨厌,则其价格必低。

7. 建筑物的结构、质量、装修、内部格局等

房屋不同的结构和装修等级,会对房地产的价格产生直接的影响,譬如钢筋混凝土房屋,其价格必高于砖混结构的房屋,装修标准高的房屋价格也必然要高于装修标准低的房屋的价格;建筑施工质量的好坏因直接影响着建筑物的使用和维修,所以,施工质量优的房屋,其价格通常要高于施工质量劣的房屋;建筑平面布局的合理与否影响着建筑物的使用功能,所以它对房地产的价格也有影响。此外,房屋内部设备配置、楼层朝向等同样地都对房地产的价格有一定的影响。

(二)环境因素

影响房地产价格的环境因素,是指对房地产价格有影响的房地产周围的物理性状因素,包括有:

1. 噪声

噪声太大,对人们的生活和工作都会带来不利的影响,所以靠近那些可能会发出较大噪声的公路(尤其是高速公路、高架路)、工厂、集市等的房地产,其价格通常都会受到一定的影响。

2. 空气污染

空气污染如难闻的气味、有害的物质和粉尘等，都会对人们的工作、学习和生活、健康等造成极不利的影响，房地产所处地区有无空气污染是物业购置者相当关注的事项。所以若某一房地产因靠近化工厂、屠宰场、酒厂、公厕等地方而受到空气污染的侵害，则其价格必然较低。

3. 水污染

河流、沟渠、地下水、江湖、海洋等受到污染，则附近的房地产价格也会因其污染程度的不同而受到不同程度的影响。譬如某房地产附近有一臭水沟，那么其价格必会大打折扣。

4. 视觉

房地产周围安放的东西如电线杆、广告牌等是否杂乱，设计是否美观；建筑物之间是否协调；公园、绿化等造成的景观是否有较好的效果等，对房地产的价格也有较大的影响。

5. 清洁

房地产周围的卫生情况，对房地产价格也有影响。

除上述三大类因素外，房地产价格有时也可能会受到其他一些因素的影响，如某些重要人物的健康与生死，有时可能左右时局，从而能引起房地产价格的涨落；再如有时房地产购买者出于自身的急迫需要，在购置房地产时可能会抬高了房地产的价格，等等。

房地产价格的涨落变化是以上各类因素综合作用的结果。因此，作为房地产经纪人，若要对房地产价格的涨落走势做到心中有数，就必须对影响房地产价格变化的所有因素作全面的考察、分析和研究。当然，最终的判断是否准确，除有赖于经纪人所作的全面周密的综合分析外，在很多情况下，更有赖于经纪人长期积累的丰富经验。

第二节 房地产估价基本方法

房地产估价的基本方法主要有三大类，即：市场比较法、成本估价法以及收益还原法。此外还有另外一些方法如假设开发法、长期趋势法、购买年法、路线价估价法、残余估价法、分配法等，它们一般被认为是由上述三大基本法所派生。在评估一宗房地产价格时，一般要同时采用几种方法，以相互验证、相互补充。以下将介绍最基本的三种方法。

一、成 本 估 价 法

所谓成本估价法，是指以开发或建造估价对象房地产或类似房地产所需耗费的各项必要费用之和为基础，再加上正常的利润和应纳税金来确定估价对象房地产的价格的一种估价方法。

成本估价法一般适用于独立或狭小市场上无法运用市场比较法进行估价的房地产的估价及既无收益又很少出现买卖情况的如学校、图书馆、医院、政府办公楼、军队营房、公园等公共建筑、公益设施的房地产的估价。其具体的运用因以下几种情况而有所不同：

1. 新开发的土地

对于新开发的土地，运用成本估价法评估其地价时，其土地价格是取决于取得待开发土地的费用、开发土地所投入的费用以及正常的利税。更具体地讲，新开发土地的地价构成可由图7-1反映出来。

2. 新建房地产

新建房地产运用成本估价法进行估价时，其新建房地产价格是由取得土地的费用、建造建筑物的费用以及正常利税所构成。成本估价法常被应用于确定新建商品住宅的价格。根据我国有关部门印发的《商品住宅价格管理暂行办法》中的规定：商品住宅价格应以合理成本为基础，有适当的利润，结合供求状况和国家政策制定，并根据楼层、朝向和所处地段等因素，实行差别价格。目前我国商品房价格由成本、计划利润、税金及效用调节四部分组成，见图 7-2。

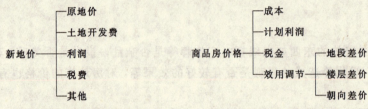

图 7-1 新开发土地价格构成　　图 7-2 新建房地产价格构成

其中，成本中各项具体费用见图 7-3。

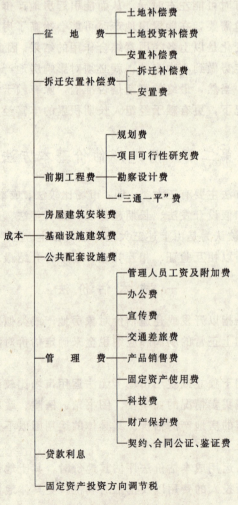

图 7-3 新建房地产成本构成

3. 旧有房地产

旧有房地产运用成本估价法进行评估时,其价格=旧有房地产重新建造完全价值-建筑物折旧。这是成本估价法的一个特例,这种情况下的成本估价法常被称之为重置成本法或重建成本法。

旧有房地产的重新建造完全价值,也可称为房屋重置价格,它是假设房屋在估价时点重新建造或购置时,所必要的成本或价格。根据《中华人民共和国城市房地产管理法》的规定:"……各类房屋的重置价格应当定期确定并公布"。运用重置法对旧有房屋进行估价时,政府定期公布的各类房屋重置价格可作为估价人员确定房屋重新建造完全价值的参考依据。

4. 房屋租金

房屋租金,也可采用成本法进行评估。采用成本法进行计租时,一般是先按租金的构成计算出每月每平方米的基本租金,再根据房屋的环境情况(如朝向、楼层高度等)、居住条件(如房屋所处的地段、楼层层次、附属设备完善程度、房屋成新程度、装修标准等)进行调节,然后乘以房屋面积,即为该房屋每月的租金。

房屋租金从理论上说,是由八项因素构成的,称商品租金。实际上,目前我国还存在着由五项因素构成的成本租金和由三项因素构成的准成本租金。但逐步由准成本租金和成本租金过渡到商品租金是房屋租金改革的必然趋势。

租金的构成见图 7-4。

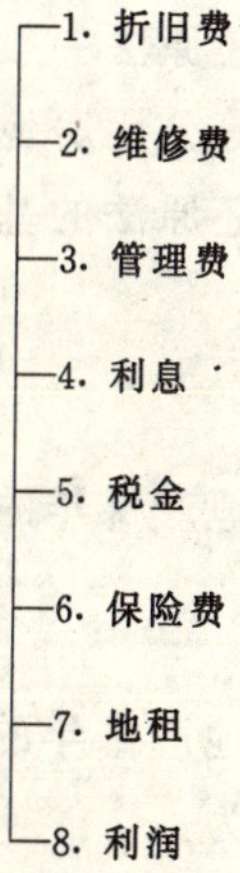

```
┌─ 1. 折旧费
├─ 2. 维修费
├─ 3. 管理费
├─ 4. 利息
├─ 5. 税金
├─ 6. 保险费
├─ 7. 地租
└─ 8. 利润
```

图 7-4 房屋租金的构成

图中,前三项构成准成本租金,前五项构成成本租金,前八项构成商品租金。

二、市 场 比 较 法

所谓市场比较法,是指将估价对象房地产与市场上在近期内已按一定价格成交的类似房地产买卖实例进行比较,并根据已经发生交易的类似房地产的成交价格,修正得出估价对象房地产的价格的一种估价方法。

在房地产市场比较发达的地区,市场比较法是一种被广泛采用的说服力强、具有现实性、有效性的房地产估价方法。但是,在房地产市场发育不够充分的地区,这种方法难以被普遍采用。有时,即使整个地区的房地产市场较为发达,但由于某些类型的物业(如教堂、寺庙等)是极少进行交易的,则此时因交易比较案例的难于获取,所以对于这类型的物业也不能有效地使用市场比较法进行估价。

运用市场比较法评估一宗房地产的价格时,其操作的步骤具体为:

(1) 广泛地搜集交易实例;

(2) 从搜集到的交易实例中选取一定数量的比较实例,以作为待估房地产的比较参照物;

(3) 对比较实例的成交价格进行加工,以建立价格比较基础;

(4) 进行交易情况修正；
(5) 进行交易日期修正；
(6) 进行区域因素修正；
(7) 进行个别因素修正；
(8) 综合评估决定估价额。

三、收益还原法

所谓收益还原法，是指运用适当的还原利率，将预期的估价对象房地产未来各项的正常纯收益折算到估价时点上的现值，求其之和来确定估价对象房地产的价格的一种估价方法。

收益还原法一般适用于评估有收益或潜在收益的房地产，对于无收益的如政府机关、学校、公园等公用房地产的估价大多不适用。

收益还原法的基本计算公式是：

$$V=\frac{a_1}{(1+r)}+\frac{a_2}{(1+r)^2}+\frac{a_3}{(1+r)^3}+\cdots+\frac{a_n}{(1+r)^n}+\cdots$$

当房地产每年的收益相同且使用年期无限时，该公式可演变为：

$$V=a/r$$

当房地产每年的收益相同且使用年限或有收益的年限为 n 年时，V 可取前 n 项之和，则公式演变为：

$$V=\frac{a}{r}\left[1-\frac{1}{(1+r)_n}\right]$$

以上各式中：

a_n——表示第 n 年的纯收益；

r——表示还原利率；

n——房地产的使用年限或有收益年限。

应用收益还原法的关键在于正确确定估价对象房地产每年的纯收益并合理选取还原利率。

四、地价评估

（一）地价体系

为满足我国政府土地管理部门地价管理和宏观调控地价的需要，目前适合政府管理地价需要的地价体系包括基准地价、标定地价和土地使用权出让底价等。

1. 基准地价

城市基准地价是在某一城市的一定地域范围内，根据用途相似、地段相连、地价相近的原则划分地价区段，然后调查评估出的各该地价区段在某一时点的平均水平价格。

根据《中华人民共和国城市房地产管理法》的规定，基准地价应当定期确定并公布。

2. 标定地价

标定地价是以基准地价为依据，根据土地使用年限、地块大小、形状、容积率、微观区位条件等，修订评估出的具体地块在某一时期的价格。

根据《中华人民共和国城市房地产管理法》的规定，标定地价同样应当定期确定并公布。由于标定地价具有这种公示性的作用，所以更确切地说，标定地价是在一定时期和一定条件下，能代表不同区位、不同用途地价水平的标志性宗地的价格。

3. 土地使用权出让底价

土地使用权出让底价，是政府根据正常市场状况下宗地或地块应达到的地价水平确定的某一宗地或地块出让时的最低控制价格标准。

在我国当前的土地市场中，除上述的地价外，还有土地交易成交价格、抵押价格等。基准地价、标定地价、土地使用权出让底价都不是土地交易市场的成交价，但它们都起着调控市场交易地价的作用。在确定具体地块的交易价格时，它们也会起到一定的参考作用。

（二）地价的几种表达方式

土地价格可用土地总价格、土地单价或楼面地价来表达。

土地总价格，是指一宗土地的总价格。它可能是一块面积 1000m² 的土地的价格，也可能是一片 5km² 的土地的价格。严格来说，土地总价格并不能代表价格水平的高低。

土地单价，是指单位土地面积的土地价格。土地单价与土地总价格的关系可用下式表示：

土地单价＝土地总价格/土地总面积

楼面地价，又称单位建筑面积地价，是平均到每单位建筑面积上的土地价格。楼面地价与土地总价格的关系为：

楼面地价＝土地总价格/建筑总面积

由上式也可以找到楼面地价、土地单价与容积率之间的关系，即：

楼面地价＝土地单价/容积率

在现实生活中，楼面地价往往比土地单价更能说明土地价格水平的高低。从表 7-1 中的数据即可说明该问题。

表 7-1

	土地单价 （元/m²）	容积率	楼面地价 （元/m²）
甲土地	2400	6	400
乙土地	2000	4	500

在甲乙两地块除容积率不同，其他条件均相同的情况下，懂得楼面地价的意义的开发商都会以楼面地价的高低而不是以土地单价的高低来取舍地块。因为，同一地区，同类用途与结构的房屋在市场的售价基本相同（假如为 2000 元/m²），建筑造价也基本接近（假如为 1200 元/m²），则此时，购置甲土地的开发商每平方米建筑面积可获利润＝2000－1200－400＝400 元/m²，而购置乙土地的开发商每平方米建筑面积就只获利润＝2000－1200－500＝300 元/m²。

（三）地价评估基本方法

地价评估方法主要分为基本估价方法与应用估价方法两大类。基本估价方法适用于评估某一宗土地某一时点的价格，属于此类估价方法的有：收益还原法、市场比较法、剩余法等。应用估价法适用于政府为管理的需要而进行的大面积土地的估价，属于此类估价方法的有：路线价估价法、标准宗地估价法、模型（数理统计法）等。

宗地评估中经常采用的收益还原法、市场估价法在本节前面部分已作介绍，故此处只简略介绍在宗地评估中另一个被经常应用的方法——剩余法以及进行大面积土地评估时经常采用的路线价估价法。

1. 剩余法

土地估价的剩余法，是将待估土地的全部地上物和地皮的预期销售价格，扣除正常的开发费用、销售费用、税金和开发利润等，从而确定其价格的一种估价方法。

剩余法最经常地被用于待开发土地的估价以及现有新旧房地产中地价的单独评估。其计算公式如下：

地价＝楼价－建筑费－专业费用－利息－租售费用－税费－开发商利润

2. 路线价估价法

所谓路线价估价法，是对面临特定街道且可及性相等的城市土地，设定标准深度，求取在该深度上数宗土地的平均单价，即为路线单价，然后据此路线价，再配合深度百分率表和其他修正率表，用数学方法计算出临接该街道的其他各宗土地价格的一种估价方法。

路线价估价法特别适用于土地课税、土地重划、征地折迁或其他需要在大范围内对大宗土地进行估价的场合。

路线价估价法的基本计算公式是：

宗地总价＝路线价×深度百分率×修正率×宗地面积

思 考 题

1. 影响房地产价格的因素主要有哪些？
2. 房地产价格评估的基本方法主要有哪些？
3. 什么是城市基准地价、标定地价和土地使用权出让底价？
4. 地价评估的方法主要有哪些？

第八章 房地产经纪管理

第一节 房地产经纪管理概述

一、房地产经纪管理的概念

房地产经纪管理是指房地产行政主管部门及其他有关部门代表国家和政府，根据房地产交易活动的需要，运用行政的、经济的、法律的和教育的手段，对进入房地产市场从事房地产经纪活动的机构和个人进行组织、指导、调控和监督。房地产经纪管理的主体是房地产行政主管部门，房地产经纪管理的其他有关部门包括工商行政管理部门、税务部门、物价部门以及公安部门。此外，房地产经纪行业协会也协助政府参与房地产经纪管理活动。

房地产经纪管理的内容主要包括：

1. 加强经纪立法，规范房地产经纪行为。

为加强对经纪行业的管理，管理者极有必要制定一套包括经纪人的资格认定和资质审查的核准登记制度，制定包括经纪人的权利义务、职业道德、服务质量、收费标准、法律责任等的行为守则以及管理条规，以保障经纪人（经纪机构）能在竞争中稳步地发展，并树立良好的社会形象。

2. 加强对经纪机构和经纪人员的管理工作。

为杜绝违规或不当经纪行为的出现，管理者应加强对经纪机构及经纪人的监督、检查等日常管理，注意审查经纪机构是否依法定的程序设立、所聘用的人员是否具备相应的资格、其业务的开展是否以健全的规章制度为依据、服务收费是否符合规定、有否被客户投诉或被有关部门处罚的记录等等，并依法对违规、违法行为进行处罚。此外，管理部门还必须加强对房地产经纪人员的培训、考核、认定以及审查等方面的管理工作，以确保房地产经纪人员素质的不断提高，使其能更好地开展经纪业务。

3. 加强信息管理并努力开展资料、信息等方面的服务工作。

房地产经纪业务的顺利开展有赖于大量畅通无阻的信息，因此，管理者在加强信息管理的同时应大力开展房地产市场资料及其他有关资料、信息的收集、整理、归纳、分类及分析、发布等工作，建立房地产市场资料信息库，为房地产经纪人员业务的开展提供导向。此外，还应加强房地产经纪方面的理论研究、开展学术交流活动，以提高房地产经纪人员的业务水平。

二、房地产经纪管理的必要性

1. 进行房地产经纪管理，是规范房地产交易行为的需要

房地产经纪人是房地产交易的中介人，经纪人的行为不仅直接关系到每一笔房地产交

易的实现,而且对整个房地产市场的发展也起着重要的作用。许多房地产交易都是经过房地产经纪人的中介活动才能实现的,经纪人的中介行为是否规范决定着交易活动的合理、合法与否。因而,只有加强对房地产经纪人的管理,才能为正当的房地产交易活动的实现提供前提。另外,作为房地产交易双方中间人的房地产经纪人,对交易双方的行为也起着监督作用,因而,只有保证房地产经纪人能够严格按照法律程序办事,拒绝一切不正当的中介活动,才能保证交易双方的行为合理合法,使房地产交易规范而顺利地进行。

2. 进行房地产经纪管理,是维护双方交易权益的需要

房地产交易的双方在达成交易前,是通过经纪人从中传递信息而了解对方的意愿并确定自己策略的。因此,当房地产经纪人不遵守经纪守则、违背职业道德而做出如隐价瞒价、私抬价格或收受贿赂,故意偏袒一方而泄漏另一方底细等不当或不法行为时,将会造成交易一方或双方的利益损失,同时也不利于房地产交易市场的稳定。因此,只有加强对房地产经纪人的管理,通过对其进行严格的资质审查,保证其具备良好的素质;通过制定相应的法令法规,规范其中介行为,才能切实保护房地产交易双方的权益免遭经纪人的侵害。

3. 进行房地产经纪管理,是保护经纪人自身利益的需要

房地产经纪人在开展经纪活动时,既有诚实中介,为交易双方提供信息牵线搭桥的义务,也有索取劳务报酬即佣金的权利。但在现实生活中,也经常有委托者抵赖经纪人报酬的事件发生。因此,加强房地产经纪管理,如以法律的形式明确经纪人的权利义务、收费标准,以及加强对房地产中介合同的管理等,都在一定的程度上保障了房地产经纪人权益,促进房地产经纪事业的发展。

三、房地产经纪管理的原则

1. 宏观管住、微观搞活的原则

一方面,要加强对房地产经纪行业的宏观管理,通过制定相应的宏观经济政策,明确房地产经纪业的发展方向及其发展方针,使房地产经纪业朝着合理的方向发展;通过制定完善的法令法规,作为房地产经纪人在开展业务的行为依据,使房地产经纪人能合法而规范地进行操作。另一方面,在不违反总的原则和方针的前提下,要给予房地产经纪人一定的自由操作的空间,使其能自主灵活地针对不同的市场状况采取相应的措施,以适应市场形势的不断变化。只有坚持宏观管住、微观搞活的原则,才能做到管而不死、活而有序、管中有活、以管促活,才能促使房地产经纪业的活跃和繁荣。

2. 规范化管理原则

房地产经纪管理的目标之一是维护交易者的合法权益,建立良好的市场秩序。因而,在管理上,一方面必须做好法制建设工作,制定一系列的政策、法规、制度,对房地产经纪人的资格、权利义务、经营范围、行为标准等作统一的要求和限制,以作为管理的法律依据。另一方面,必须采取一系列的措施依法对房地产经纪活动进行规范化的管理,严肃查处违法、违规经纪行为,确保房地产经纪活动的有序性。

3. 监督和保护并存原则

在对房地产经纪人进行管理的过程中,各种管理法规、政策以及管理措施的推行与实施,在发挥其对房地产经纪人行为的监督作用的同时,也应起到保护经纪人权益的作用。这在我国房地产经纪业刚刚起步的初期尤为重要,它对于保障房地产经纪人在平等的环境内

展开自由竞争，推动房地产经纪业的发展有着重大的现实意义。

4. 自律性管理原则

自律性管理是指要发挥行业内部组织的管理作用，它强调的是自我性的管理。其形式主要是由行业内部的人员自发地组成行业协会，约定和实施对本行业的管理措施，进行自治性管理。在房地产经纪业比较发达的国家，都有自发组成的房地产经纪人行业组织，在行业组织内部通过制定如行为守则、职业道德以及对违规者的处罚措施等严谨的规章制度与管理办法，实施对对房地产经纪人的自主管理。我国房地产协会的中介专业委员会已于1995年初成立，该中介专业委员会实际上就是我国房地产中介业的行业组织，在对房地产经纪人的全面管理中，它将发挥着愈来愈重要的作用。

四、房地产经纪管理的形式和手段

目前，我国对房地产经纪管理的形式有两种，其一是由政府主管部门实施管理，其二是由行业协会实施管理。实施管理时所使用的手段包括有法律手段、行政手段以及经济手段。过去，我国对房地产经纪行业的管理主要是以政府主管部门为主，管理手段以行政手段为主。随着社会主义市场经济的日渐成熟，房地产经纪管理应逐步走向政府主管部门和行业协会共同管理，以法律手段为主，伴以行政手段、经济手段的综合管理模式。

（一）房地产经纪管理的形式

在政府与行业协会共同管理的模式中，最首要的问题就是要解决政府与协会的职能分工问题，使两者在管理过程中既有分工、又有合作，能更有效、更协调地完成管理的任务。

1. 政府的管理

政府的管理工作主要是法制建设，即通过制定和颁布法律、法规等来进行管理。这是一种最具权威性的管理方式。政府对房地产经纪人的管理，应当以房地产行政管理部门为主，工商行政管理部门、税务部门、物价部门等为辅，共同管理、共同负责。眼下，有很多的城市已根据实际的需要在房地产行政主管部门属下成立了专门的房地产经纪服务管理机构。房地产经纪管理机构的主要任务是：

（1）贯彻、实施国家有关房地产经纪管理的法律、法规；

（2）对从事房地产中介服务的机构和人员进行资质审查、核发资质证书；

（3）依法查处违犯经纪管理规定的行为。

若涉及到有关房地产经纪人的经营权利与经营范围、应纳税金、交易价格等问题时，房地产经纪管理机构应协同工商、税务、物价等部门共同处理。

2. 协会的管理

中国房地产协会中介专业委员会已于1995年初正式成立。该委员会是中国房协的工作机构，是从事房地产经纪、代理、咨询、评估等中介服务机构自愿参加的全国性专业组织。该组织对房地产经纪行业的管理主要在经纪业务的建设方面，其主要任务包括：

（1）宣传、贯彻国家有关房地产经纪管理方面的法规政策；

（2）调查研究房地产经纪事业的现状及发展趋势，研究探讨与房地产经纪活动有关的理论和政策，向政府主管提出相关的政策建议；

（3）制定行业规范和行为守则，组织行业检查与评比活动；

（4）组织专业培训，开展学术交流与理论研究活动；

(5) 建立房地产市场信息网络，提供信息服务；

(6) 协调成员单位之间的联系，推动建立横向协作关系，组织成员单位的经验交流活动。

房地产经纪人协会既是房地产经纪人及经纪机构的服务、协调机构，又是政府的助手与参谋，政府既要对它进行必要的业务指导，又要大力支持它独立地开展活动，以促使房地产经纪人协会在探讨房地产中介事业的相关理论、政策、法规，培育、活跃完善的房地产市场方面；在提高从业人员素质方面；在促进横向交流，加强横向沟通、联系和合作，发挥整体的优势方面能成功地、充分地释放其应有的积极作用，使我国房地产经纪事业的市场竞争能力和整体水平能进一步提高，并能逐步地与国际经纪活动接轨。

(二) 房地产经纪管理的手段

1. 法律手段

是指房地产行政主管部门通过行政立法与执法来实施对房地产经纪人及其经纪行为的管理。运用法律手段进行管理的两个关键环节是立法和执法。立法是指房地产行政管理部门直接参与制定房地产经纪管理的法规和规章制度，使房地产经纪管理有法可依。这是搞好房地产经纪管理的根本保证。执法是指通过法规制度的实施，对房地产经纪人及其行为进行调控、指导和监督，查处所有违规违法行为，将房地产经纪活动纳入依法管理的轨道。法律手段具有严肃性、反复适用性、稳定性等特点。

2. 行政手段

即房地产行政主管部门依据行政法规和上级主管部门所授予的职权，通过颁布房地产经纪管理细则，发布通告等行政措施，直接管理房地产经纪活动。行政手段具有权威性、强制性、垂直性等特点。

3. 经济手段

是指房地产行政主管部门通过制定各种经济政策和利用价格、税收、信贷利息等经济杠杆来调控房地产经纪人行为，以保障房地产经纪活动正常与合法地开展。其具体的方式多种多样，譬如有：制定并适时调整房地产经纪人的佣金标准；严格执行国家的税收政策；对违规经纪人进行经济制裁等等。经济手段具有客观性、灵活性和广泛性的特点。

4. 教育手段

即在进行管理时，通过说服教育群众，使被管理者心悦诚服地接受房地产行政主管部门的管理，自愿地遵守国家和政府的政策与法规，使各种矛盾得到顺利解决。

以上四种手段是相辅相成的，它们既有区别、也有联系，既不能相互代替、也不能相互分离。在运用时必须正确地将四者结合起来，按照房地产经纪活动的客观规律进行管理，才能保障房地产经纪行业健康、稳定、协调地发展。

第二节 房地产经纪人的资质管理

一、房地产经纪人资质管理的概念

本节关于房地产经纪人的资质管理，既包括房地产经纪人员的资质管理，也包括房地产经纪机构的资质管理。

房地产经纪人的资质管理，是指通过审查考核房地产经纪机构和经纪人员的基本素质和能力，界定他们能否进入市场开展经纪活动，让其凭核定的规模和范围合法从事房地产经纪活动，并对其经营活动进行管理和监督的行为。其内容包括：从业人员的业务培训与考核、从业资格条件的审查与确认以及开业的注册登记。

房地产主管部门与工商行政管理部门共同实施对房地产经纪人的资质管理，但两者分工明确。房地产主管部门主要负责对房地产经纪人的资格审查与确认工作以及相应的业务培训与考核工作，工商行政管理部门主要负责对经纪人的注册登记管理工作。

房地产经纪人资质管理的法律依据包括有：全国通用的《城市房地产中介服务管理规定》、各地方政府及主管部门制定的经纪人管理细则、《城乡个体工商户管理暂行条例》、《企业法人登记管理条例》以及《中华人民共和国公司法》等。加强对房地产经纪人的资质管理，将有利于房地产经纪业务水平的提高，有利于保障房地产交易者的权益，有利于房地产经纪行业的稳步健康的发展。

二、房地产经纪人员的资质审查

根据《城市房地产中介服务管理规定》第八条的规定，房地产经纪人必须是经过考试、注册并取得《房地产经纪人资格证》的人员。未取得《房地产经纪人资格证》的人员，不得从事房地产经纪业务。至于取得房地产经纪人资格的条件、经纪人的考试与注册办法则由各地方人民政府会同主管部门制定。根据上海、广州等地区颁布的《房地产经纪人管理暂行规定》，目前我国对房地产经纪人资格的认定条件，通常包括以下几个方面：

（1）年满18周岁；
（2）具有当地城镇户口；
（3）高中毕业以上（或同等）学历；
（4）一贯遵守国家法律，申请前三年无犯罪记录；
（5）对房地产的政策、法规、业务较熟悉，经培训考试合格。

符合以上条件者，即可取得房地产经纪人资格证书。

至于房地产经纪人能否以个体经纪人的名义开展经纪活动，各地区之间存在一定的争议。如广州规定持证经纪人必须隶属具备法人资格的经纪机构，方可进行经纪活动，而上海则允许有个体房地产经纪人的存在，但规定申请成为个体房地产经纪人的，除符合以上的资格条件外，还必须拥有一定数额的财产以及有固定的经营场所，方可取得房地产经纪人资格。

房地产经纪人资格的认定由市、县房地产管理部门负责，包括负责经纪人的培训、考核工作；《房地产经纪人资格证》的核发和验证工作；当房地产经纪人有违法行为时，主管部门还有权吊销其经纪资格。

三、房地产经纪机构的资质审查

根据《城市房地产中介服务管理规定》第十二条的规定，房地产经纪机构的资质条件包括以下几个方面：

（1）有自己的名称和健全的组织机构；
（2）有固定的服务场所；

(3) 有规定数量的财产和经费；

(4) 有规定数量的房地产经纪人。

设立房地产经纪机构的资质条件，应当由房地产主管部门进行审查，经审查合格后，再行办理工商行政登记。房地产经纪机构的资质审查程序通常包括以下几个步骤：

1. 受理申请

由申报机构到房地产主管部门，办理申报审批手续。在申报时必须出具以下材料：

(1) 申请报告；

(2) 经纪机构章程；

(3) 企业成立批准文件；

(4) 法人代表任职文件；

(5) 财政部门或会计师所出具的验资证明；

(6) 在册人员花名册；

(7) 办公场地证明或租赁合同；

(8) 房地产经纪人资格证及财务人员职称证书（复印件）。

房地产主管部门接到经纪机构的申请后，对于符合从业条件、提交证件、文件齐全的申请者，发给其资质审批表。申请者填写好资质审批表后交回房地产主管部门。

2. 初审

房地产主管部门根据申请机构的申请报告和资质审批表进行审查，主要审查申请机构的从业资格、经纪经营范围等是否符合国家有关法律、法规的规定。同时还应查证有关证件的真实性、有效性。此外，经办人员还应到经纪机构进行实地审查，主要审查以下内容：

(1) 办公场地是否到位；

(2) 财务是否独立或分账；

(3) 人员是否到位；

(4) 是否在营业中；

(5) 收费标准；

(6) 业务拓展状况。

初审符合条件的，由经办人在资质审批表上签署意见并草拟书面报告，上报主管领导审批。

3. 审批

在审批阶段，复审认定申报机构条件合格的，可核准其具有经营资格并通知申报者，同时由房地产主管机构通知工商行政管理部门备案。

四、房地产经纪人的登记管理

国家工商行政管理部门对房地产经纪人的登记管理包括开业登记、变更登记、歇业登记和注销登记，一般要经过受理申请、审批、核准、颁发凭证五个程序。

（一）开业登记

房地产经纪机构办理开业登记，应当在主管部门或审批机关批准后三十日内，向工商行政管理机关提出申请，工商行政管理机关接到申请后，对于符合从业条件，提交证件、文件齐全的申请者，发给其开业申请登记表。申请者填写好登记申请表后交回工商行政管理部门。工商行政管理机关在收到经纪企业的开业登记申请后应检查其提交的文件、证件和申请登记注册书等是否齐备，齐备的方予受理。受理后登记主管机关要对文件、证件、各种书表逐件进行审查，看其是否真实、合法、有效、完整，是否符合登记条件。经过审查、核实，在受理后的三十天内，作出核准登记或不予核准登记的决定，并及时通知申请登记单位。符合法人条件的发给《企业法人营业执照》，并通知法定代表人领取执照，办理法定代表人的签字备案手续。至此，经纪机构正式成立，其权益受到国家有关法律、法规的保护。

在允许个体房地产经纪人存在的地区，个体经纪人在开业前也需到营业所在地的工商行政管理部门申请设立登记，经工商行政管理部门审核，准予登记并发给《个体工商业营业执照》后，方可以个体经纪人的名义从事房地产经纪活动。

房地产经纪机构及个体房地产经纪人在领取营业执照后的一个月内，应当到房地产行政管理部门备案，以便于房地产行政管理部门对其实施监督管理。

（二）变更登记

房地产经纪机构或个体经纪人改变称谓、住址、经营场所、所有权性质、经营范围、方式、期限、注册资金或增撤分支机构时，应向原登记机关申请办理变更登记。工商行政管理机关在受理变更登记后的三十日内，作出核准变更登记或不予核准变更登记的决定。如改变执照登记事项的应收缴原执照，换发新的营业执照。

（三）注销登记

房地产经纪机构或个体经纪人因歇业、撤销、破产、兼并或因违反有关法规被行政管理机关吊销牌照等原因而停止营业的，应向原登记主管机关办理注销登记。工商行政机关经核准后，收回原营业执照的正副本，并将注销情况通知其开户银行。

第三节 房地产经纪活动的监督管理

一、房地产经纪活动监督管理的内容

对房地产经纪活动的监督管理是一种经常性的管理，其目的在于保护合法经营者，查处违法经营活动，维护房地产市场交易秩序。房地产行政主管部门应协同工商行政管理部门共同实施对房地产经纪活动的监督管理。监督管理的内容包括：

1. 监督房地产经纪人按照规定办理开业、变更、注销登记。即监督个体房地产经纪人和房地产经纪机构是否有按法定的程序办理开业、变更、注销登记，对于无证经营者进行严肃查处，并坚决取缔。

2. 监督房地产经纪人按照登记注册事项和章程，合理从事经营活动。这是登记管理工作的延续。在注册登记时，房地产经纪机构及个体房地产经纪人的登记注册事项如名称、住所、经营场所、经营范围、经营方式、注册资金、从业人员、经营期限等，一经核准，即具法律效力，成为经纪机构或个体经纪人享有权利、承担义务和法律责任的基本依据，也是工商行政管理机关进行监督管理的依据。登记项目的内容不得擅自变更和超越，如要变更，应向原登记机关申请并经核准，否则，应予制止和处理。其中，对房地产经纪人经营

范围的监督管理，是主管机关对登记注册事项进行监督管理的关键。

3. 监督房地产经纪人是否遵守国家法律、法规和政策，依法地开展经纪业务。其主要的工作内容包括：(1) 对经纪人的经营作风进行监督管理，严肃查处弄虚作假、收受贿赂等损害当事人合法权益的经纪人。鉴于目前虚假、不实房地产销售广告满天飞的现象，各地房地产主管部门和工商行政管理部门都极为重视对房地产销售广告的管理，对于房地产销售广告的刊登条件作了严格的规定，严禁房地产经纪人利用虚假广告欺骗消费者，并对违规的广告主、广告经营者和广告发布者作相应的处罚。(2) 对中介合同的监督管理，即监督房地产经纪人在开展业务时按照有关的规定签订规范化的中介合同，以保障委托人与被委托人（即经纪人）的合法权益。(3) 对经纪人服务收费的监督管理。(4) 对经纪人纳税行为的监督管理。

4. 监督房地产经纪人按照规定办理年检手续。监督管理机关每年应当对房地产经纪机构及经纪人员进行一次检查，包括对房地产经纪人员的资格证书进行验证，以及对房地产经纪机构的开业资格进行复核。根据《城市房地产中介服务管理规定》的有关条款规定，《房地产经纪人资格证书》不得擅自涂改、复印，不得转让、转借或出租给他人，持证人应在规定期限内到原发证机关办理一年一度的验证手续，年检中管理机构有权依法吊扣不合格经纪人的资格证书。没有办理年检手续的经纪人，其资格证书自动失效。房地产经纪机构也应按登记主管部门规定的时间，提交年检报告书、资产负债表，以便主管部门对企业登记的主要事项进行审核。

5. 制止和查处房地产经纪人的违法经营活动，并保护其合法权益。

二、房地产经纪活动监督管理的方法

工商行政管理机关与房地产行政管理机关开展对房地产经纪活动的监督管理工作时，应坚持管理与服务相结合，教育与处罚相结合，查处违法活动与保护合法经营相结合，登记注册与监督管理相结合，主管机关的监督检查与企业自我约束相结合的原则，并采取多种的方法实施管理。归纳当前监督管理实践中的情况，主管部门可采取的方法包括以下几种：

1. 常规检查

即定期或不定期地对经纪机构和交易场所进行常规检查，发现问题及时查处。可以采取普查、抽查、自查和随机检查等多种方式。检查前，要注意拟定检查的目的、要求和程序以及相应的措施。检查中，发现的问题能及时处理的，要尽快处理；涉及案件较大的，要立案侦察。检查结束后，要认真搞好总结，特别要注意建立检查备忘录和必需的检查档案。

2. 备案制

即通过对房地产经纪人业务开展情况的建档立卡工作，来掌握经纪人活动的基本情况。档案的内容包括：经纪人的资产变动情况、经营范围、经纪业务的开展情况、违法行为的记载等。实行备案制必须建立要求被管理者定期报送有关资料的制度。因此，房地产经纪人在开展经纪业务时，应建立业务记录，设立业务台帐，以载明业务活动中的收入、支出等费用，并定期向房地产行政主管部门报送业务统计报表，为主管部门进行监督管理提供原始资料。

3. 访问制

即通过定期或不定期专访企业，了解房地产经纪人的经营情况，征询他们对管理部门的意见和要求，以达到加强经纪人与管理部门的沟通，提高经纪人遵纪守法的自觉性的目的。

4. 发布公告

即通过新闻或者其他大众传媒发布有关政策、法规或特定的管理意图，以收到广而告之的效果，使其产生管理的威慑作用。发布公告这种方法除了常被用于宣传新的法规与政策之外，还会被应用于对某些较为普遍的非法活动所作的特殊处理。

5. 检举揭发

即通过设置检举箱、举报电话和地址、建立信访制度或群众监督网络等形式，为检举人提供揭发违法行为的条件和渠道。这是发动群众共同搞好市场监督的一项有效措施，应该作为一项制度固定下来。

6. 公开查处

即对一些大案要案或影响极坏的案件，通过新闻或者其他大众传媒公开处理结果或查处中的有关情况。以起到平抑民愤、威慑其他违法人员、教育群众和经营者加强法制观念等的作用。

7. 宣传教育

包括法制教育、政治思想教育、职业道德教育等，以帮助房地产经纪人树立正确的经营观念，自觉遵守国家法律，自觉维护消费者利益。

三、房地产经纪人违章违法的法律责任

根据《城市房地产中介服务管理规定》以及有关的工商行政管理法规，房地产经纪人有以下情况之一者，监督管理部门可酌情分别给予警告、罚款、没收非法所得、停业整顿、扣缴或吊销营业执照或经纪人资格证书等处罚。

（1）未取得房地产经纪资格擅自从事房地产经纪业务者；
（2）在注册登记中隐瞒实情、弄虚作假，或未经核准就擅自开业者；
（3）随意改变主要登记事项，或超出核准的经营范围者；
（4）不按规定办理注销登记或不报送年检报告书与不办理年检手续者；
（5）伪造、涂改、出借、出租、转让营业执照或房地产经纪人资格证书者；
（6）抽、逃、转移资金，隐匿财产而逃避债务者；
（7）索取、收受委托合同以外的酬金或其他财物，或利用工作之便牟取其他不正当利益者；
（8）允许他人以自己的名义从事房地产经纪业务者；
（9）同时在两个或两个以上的经纪机构执行业务者；
（10）与一方当事人串通损害另一方当事人利益者；
（11）拒绝监督检查，或在接受监督检查过程中弄虚作假者；
（12）从事与国家有关规定不符的非法经营活动者。

对以上行为的处理，监督管理部门必须认真调查，以事实为依据，以法律为准绳，依据情节的严重程度，追究法定代表人或违法当事人的行政责任和经济责任，对于触犯刑律者，要送交司法部门追究刑事责任。

思 考 题

1. 试述房地产经纪管理的必要性。
2. 进行房地产经纪管理应遵循哪些原则?
3. 什么是房地产经纪人的资质管理?
4. 根据现行法规的规定,房地产经纪人和经纪机构应具备哪些资质条件?
5. 房地产经纪活动监督管理的内容有哪些?

附录1

广州市房地产中介合同

甲方（委托方）：

乙方（受委托方）：

  双方遵守有关法律、法规和政策规定，根据自愿、公平、诚实信用的原则，为明确各方权利义务，特签定本合同，共同遵守。

  一、经纪服务的项目名称：
_____

房地产证件种类：_____ 编号：_____
  二、委托业务内容：
_____
_____
_____
_____
_____

  三、委托业务的要求和标准：
_____
_____
_____
_____

  四、委托权限：
_____
_____
_____

  五、委托价格：
_____
_____

六、收费数额和支付方式、时间及付款条件：
    1. 甲方应付给乙方中介服务费总计：＿＿＿＿＿＿元，（大写：　　百　　拾　万　千　百　　拾　　元）
    2. 给付方式：
       （1）一次总付：金额＿＿＿＿＿＿（元），
              给付时间＿＿＿＿＿＿
       付款条件：

       （2）分期付款：
          第一期：金额＿＿＿＿＿＿＿＿＿＿＿＿（元），
                给付时间＿＿＿＿＿＿＿＿＿＿
          第二期：金额＿＿＿＿＿＿＿＿＿＿＿＿（元），
                给付时间＿＿＿＿＿＿＿＿＿＿
          第三期：金额＿＿＿＿＿＿＿＿＿＿＿＿（元），
                给付时间＿＿＿＿＿＿＿＿＿＿
          付款条件：

       （3）其他付款方式：

七、双方权利义务
    甲方：
    1. 甲方应按本合同第六条规定给付乙方中介服务费。
    2. 向乙方提供的有关文件和证照等有关资料必须真实合法。
    3. 甲方应承担依法应由其缴交的各种费用；如乙方代为垫付的，甲方应及时将相关费用付给乙方。
    4.
    5.

    乙方：
    1. 乙方应按合同规定委托业务的要求和标准，按时完成，否则不得收取中介服务费；
    2. 乙方收取中介服务费的标准，根据有关法律、法规、政策规定的标准执行；最高标准不得超过有关法规、政策规定的最高限额。
    3. 签定合同时,乙方可预先收取部分中介服务费＿＿＿＿＿＿元,预付款不得超过中介服务费的20％。
    4. 对甲方提供的有关文件、证照等资料的真实性、合法性进行必要的书面审查。
    5.

八、委托期限：双方签章后合同有效期限为＿＿＿＿＿＿月（自＿＿＿＿＿＿年＿＿＿＿＿＿月

_____日至_____年_____月_____日止)。
　　九、违约责任:
　　　　1. 合同一方不履行合同规定义务的,违约方应给付对方违约金_____
_____。
　　　　2. 合同一方违反合同规定,造成对方经济损失的,应按实际损失支付赔偿金。
　　　　3. 因甲方的原因,造成合同提前终止的,甲方预交的中介服务费,乙方可不予退回;因乙方的原因造成合同提前终止的,乙方应将预收的中介服务费全部退回给甲方。
　　　　4. 合同一方因不可抗力而不能履行本合同的,应及时将情况知照对方,允许双方商定延期履行、部分履行或不履行,并可根据实际情况部分或全部免予承担违约责任。
　　　　5.

　　十、其他:
　　　　1. 本协议双方盖章、签字后生效。
　　　　2. 凡本合同有内容要求,但无具体规定的事项,双方必须商定填写或在补充协议记载并履行。
　　　　3. 本合同如有未尽事宜,双方可签订补充协议。补充协议具有同等效力,但不得与有关法律及本合同相悖。
　　　　4. 本协议正本一式三份,双方各执一份,另一份送广州市房地产经纪人服务管理所备案。

甲方:　　　　　　　　　　　　　乙方:
　　(公章)　　　　　　　　　　　　(公章)

地址:　　　　　　　　　　　　　地址:

电话:　　　　　　　　　　　　　电话:

法定代表人:　　　　　　　　　　法定代表人:
　　(签章)　　　　　　　　　　　　(签章)
身份证号码:　　　　　　　　　　身份证号码:
　　　　　　　　　　　　　　　　中介资质证编号:

签约日期:_____年_____月_____日

附录2

房地产预售契约

甲方（卖方）：

立契约人：

乙方（买方）：

由于甲方已收到乙方预购房屋的订金　　　　元。双方同意就下列房地产的预售（购）事项，订立本契约，共同遵守。

一、甲方将座落在　　区　　路（街）　　　　的房地产（房屋建筑面积　　m²；土地使用面积　　m²）出售给乙方。该房地产的基本情况已载于本契约附件一。乙方已对甲方所要出售的房地产做了充分了解并愿意购买。

二、甲乙双方议定的上述房地产成交价格为　　　　元（大写　　　　元）。

乙方由一九　年　月　日前分　次付清给甲方，购房订金在第　次付款时冲抵。乙方每期付款的日期、金额商定如下：

三、甲方应于一九　年　月　日将上述房地产建成并正式交付给乙方。房屋移交给乙方时，该建筑物范围内的土地使用权一并转移给乙方。除特殊情况外，甲方还应于一九　年　月　日前为乙方办理领取房地产产权证的手续。

四、甲方保证上述房地产权属清楚。若发生与甲方有关的产权纠纷或债权债务，概由甲方负责清理，并承担民事诉讼责任。如甲方的原因给乙方造成的经济损失，甲方负责赔偿。

五、违约责任：乙方中途悔约，乙方不得向甲方索还订金。甲方中途悔约，甲方应在悔约之日起十日内将订金退还给乙方，另给付乙方相当于定金数额的违约金。乙方不能按期向甲方付清购房款；或甲方不能按期向乙方交付房产，每逾期一日，由违约一方向对方给付相当于上述房地产价款千分之一的违约责任金。

六、预售后的房地产需转让的，要到广州市房地产交易所办理交易转让手续，原契约规定的权利义务随之转让。设有抵押的预售（购）房地产，在抵押期内，未经抵押权人同意，不得转让。

七、本契约在履行中若发生争议，甲乙双方应采取协商办法解决。协商不成时，任何一方均可向广州市房地产仲裁委员会申请调解或仲裁，也可向有管辖权的人民法院起诉。

八、上述房地产办理过户手续需交纳的税款，由甲乙双方按规定各自承担。

九、本契约未尽事项，甲乙双方可另行议定，其补充契约书经双方签章后与本契约有同等效力。但另行议定的条款必须符合中国法律的规定并不得与本契约的内容相悖。

十、本契约经双方签章并经房地产买卖主管机关审查批准后生效。

十一、本契约一式三份。甲乙双方各执一份，送广州市房地产交易所登记、监证一份。

十二、双方约定的其他事项：

甲方（签章）：	乙方（签章）：
法定代表人：	法定代表人：
地址：	地址：
联系电话：	联系电话：
邮政编码：	邮政编码：
委托代理人：	委托代理人：
身份证号码：	身份证号码：
联系电话：	联系电话：

19　年　月　日

附件一

产权所有人					
房屋坐落			地号		
坐落四至	东	西	南		北
预售证号			建设用地批准书号		
房屋建筑面积			土地使用面积		
使用性质			房屋结构		

装修：

    地　面：

    天　花：

    门　窗：

    厨　房：

    卫生间：

    内　墙：

    外　墙：

附着物	附图

甲方（签章）　　　　　　　　　　　乙方（签章）

　　　　　　监证机关（签章）：　　　监证机关代表（签章）：

　　　　　　　　　　　　　　　　　　　日期：　　　年　月　日

附录3

房地产营销成功案例选登

1. 名 雅 苑

申报单位：广州市兴业房地产中介有限责任公司
销售楼盘名称：名雅苑
楼盘地点：天河体育东路
预售证号：960016
委托销售单位：广州市兴业房地产中介有限责任公司
主要营销策划人：廖惠文等
代理销售面积：高层住宅 2481m^2
已销售面积：高层住宅 11044m^2（超出代理计划）
代理销售时间：1996年1月至1996年6月
代售总金额：12758万元
中介费率：销售额的2%
按揭银行：中国建设银行广州市分行
　　　　　　南洋商业银行，东亚银行
按揭年期比例：十年七成
已办按揭面积：1721m^2
营销方法简价：

一、采取有效的广告促销策略。掌握准确的广告定位，把握楼盘的优势特点，将名雅苑的评优获奖作为广告宣传的主题，突出楼盘的价值。为增强名雅苑的品牌效应，主持策划了以庆祝名雅苑获奖为主题的嘉年华晚会。

二、积极拓展银行按揭业务。开展人民币按揭业务，拓展国内客户。

三、设立现场售房部。为配合光明台的销售，我公司在名雅苑内设立了现场售房部，扩大了销售的范围。

四、充分把握有利的销售时机。充分利用名雅苑评优获奖的机会，把握市场空间，举办为期一个月的光明台展销活动。

五、充分依靠良好的企业信誉，吸引客户的购房意向，增强市场竞争实力。

2. 黄石花园高层住宅

申报单位：广州市兴业房地产中介有限责任公司
销售楼盘名称：黄石花园高层住宅
楼盘地点：黄园路黄园二街
预售证号：940164
委托销售单位：广州市城市建设开发总公司
代理销售单位：广州市兴业房地产中介有限责任公司
主要营销策划人：廖惠文等
代理销售面积：高层住宅 25210.81m^2

已销售面积：高层住宅 32718.45m² （超出代理计划）

代理销售时间：1995 年 2 月至 1996 年 6 月

代售总金额：13305 万元

中介费率：销售额的 2%

按揭银行：中国建设银行广州市分行

按揭年期比例：三年五成

已办按揭面积：892m²

营销方法简介：

一、有效利用广告手段，提高楼盘的知名度。在销售初期，针对黄石花园知名度不高的情况，我们同时运用了电视、广播、报纸、车身流动广告等媒体进行集中的广告攻势，在市场中树立起黄石花园的品牌效应。

二、限定管理费标准。确定黄石花园高层住宅的管理费每月仅为 98 元，并将其作为正式的合同内容，增强客户购房的信心。

三、采取准确的价格策略。根据市场形势和楼盘特点，为打开市场，采取低开高走的价格策略，同时可供三年五成按揭。

四、设立现场售房部。在楼盘现场设立售房部，扩大销售范围。

五、充分依靠良好的企业信誉，吸引客户的购房趋向，增强市场竞争实力。

3. 江 南 雅 居

申报单位：广州美好置业发展有限公司

销售楼盘名称：江南雅居

楼盘地点：江南大道礼岗路 6 号

预售证号：960106

委托销售单位：广州市信明房地产开发有限公司

代理销售单位：美好置业发展有限公司

主要营销策划人：薛捷

代理销售面积：一期 12850m²，二期共 13400m²

代理销售时间：1996 年 5 月至 1996 年 6 月

代售总金额：1.6 亿元

按揭银行：农行城南支行

按揭年限比例：六年七成

营销方法简介：

市场定位：广州市河南地区配套齐全的高级住宅小区；目标消费者：有较强的购买能力和文化素养，追求较高生活质量的人群。

推广手法：

1. 围绕"雅"字做文章，在广告宣传中突出小区是高素质的楼盘。即"雅的居室"。

2. 通过现场和样板房的精心制作和设计，为前来参观消费者刻意营造一种"雅的氛围"。

3. 以展销会做为销售的主要突破口。

4. 晓 港 湾

申报单位：广州市经纬房产咨询有限公司

销售楼盘名称：晓港湾

楼盘地点：南洲路北东晓路旁
预售证号：950158
委托销售单位：广州英华房地产实业有限公司
代理销售单位：广州经纬房产咨询有限公司
主要营销策划人：刘日东
代理销售面积：商铺 3 万 m²，多层住宅 7.2 万 m²，车位 18 个
已销售面积：商铺 2.1 万 m²，多层住宅 6.1 万 m²，车位 16 个
代理销售时间：1995 年 12 月 1 日至今
代售总金额：2.4 亿元
中介费率：销售额的 0.8％
按揭银行：市建设银行石溪办事处
按揭年期比例：五年六成
营销方法简介：

"晓港湾"自 1995 年 12 月初共举行大小展销会 19 次，累计售出单位共 1316 套，销售额逾 2.4 亿，总广告费约 490 万元，"晓港湾"主要在于"全面把握市场形势，准确捉摸买家心理"。"晓港湾"去年 12 月平顶时，整个地盘及四周环境还是一片荒芜，我司策划一个盛大的平顶仪式，邀请市领导及买家出席，建议发展商在小区规划中增加了会所、泳池、网球场及绿化公园等配套，提高了楼盘的档次及独特性，同时利用传销形式鼓励旧买家介绍亲友购买。同一时期制订极优惠的付款办法，既有 40 个月免息分期，又有折扣高达 92 折的银行按揭，第一期展销以接近成本价推出，4 天展销售出超过 250 套单位，成交额超过 3000 万元。之后的三个月，虽然楼价略为提升，但每次展销均能以新的促销手法推销，广告费一直保持在销售额的 3％之内。1996 年 4 月份，我司建议推出二、三十平方米的小面积单位，将晓港湾的销售推至另一高峰，新推出两幢小单位于一周内全部售罄，再加推 50 套小单位亦被抢购一空。随后结合现楼准时入伙及被评为"优质工程"，更加落实发展商对买家之承诺。同期将免息分期增长至 50 期，免十年管理费送装修礼券及赠送家庭电器，令每期销售获得骄人成绩，而在 1996 年 6 月参加广州国土房管局举办的平价房展销会，五天售出 113 套单位而获得销量总冠军。此外"晓港湾"本着回报社会，全力策划"扶贫、扶孤、助学"音乐会，捐款数十万元，进一步确立公众口碑信誉。

附录4

城市房地产中介服务管理规定

（建设部令第50号 1996.1.8）

第一章 总 则

第一条 为了加强房地产中介服务管理，维护房地产市场秩序，保障房地产活动当事人的合法权益，根据《中华人民共和国城市房地产管理法》，制定本规定。

第二条 凡从事城市房地产中介服务的，应遵守本规定。

本规定所称房地产中介服务，是指房地产咨询、房地产价格评估、房地产经纪等活动的总称。

本规定所称房地产咨询，是指为房地产活动当事人提供法律法规、政策、信息、技术等方面服务的经营活动。

本规定所称房地产价格评估，是指对房地产进行测算，评定其经济价值和价格的经营活动。

本规定所称房地产经纪，是指为委托人提供房地产信息和居间代理业务的经营活动。

第三条 国务院建设行政主管部门归口管理全国房地产中介服务工作。

省、自治区、直辖区建设行政主管部门归口管理本行政区域内的房地产中介服务工作。

直辖市、市、县人民政府房地产行政主管部门（以下简称房地产管理部门）管理本行政区域内的房地产中介服务工作。

第二章 中介服务人员资格管理

第四条 从事房地产咨询业务的人员，必须是具有房地产及相关专业中等以上学历，有与房地产咨询业务相关的初级以上专业技术职称并取得考试合格证书的专业技术人员。

房地产咨询人员的考试办法，由省、自治区人民政府建设行政主管部门和直辖市房地产管理部门制订。

第五条 国家实行房地产价格评估人员资格认证制度。

房地产价格评估人员分为房地产估价师和房地产估价员。

第六条 房地产估价师必须是经国家统一考试、执业资格认证，取得《房地产估价师执业资格证书》，并经注册登记取得《房地产估价师注册证》的人员。未取得《房地产估价师注册证》的人员，不得以房地产估价师的名义从事房地产估价业务。

房地产估价师的考试办法，由国务院建设行政主管部门和人事主管部门共同制定。

第七条 房地产估价员必须是经过考试并取得《房地产估价员岗位合格证》的人员。未取得《房地产估价员岗位合格证》的人员，不得从事房地产估价业务。

房地产估价员的考试办法，由省、自治区人民政府建设行政主管部门和直辖市房地产管理部门制订。

第八条 房地产经纪人必须是经过考试、注册并取得《房地产经纪人资格证》的人员。未取得《房地产经纪人资格证》的人员，不得从事房地产经纪业务。

房地产经纪人的考试和注册办法，由省、自治区人民政府建设行政主管部门和直辖市房地产管理部门制订。

第九条 房地产中介服务人员的资格考试，由国务院建设行政主管部门统一制定考试大纲，指定培训教材。省、自治区人民政府建设行政主管部门和直辖市房地产管理部门制订的考试办法和试题，报建设部核准后,方可实施。

第十条 严禁伪造、涂改、转让《房地产估价师执业资格证书》、《房地产估价师注册证》、《房地产估价员岗位合格证》、《房地产经纪人资格证》。

遗失《房地产估价师执业资格证书》、《房地产估价师注册证》、《房地产估价员岗位合格证》、《房地产经纪人资格证》的,应当向原发证机关申请补发。

第三章 中介服务机构管理

第十一条 从事房地产中介业务,应当设立相应的房地产中介服务机构。

房地产中介服务机构,应是具有独立法人资格的经济组织。

第十二条 设立房地产中介服务机构应具备下列条件:

(一)有自己的名称、组织机构;

(二)有固定的服务场所;

(三)有规定数量的财产和经费;

(四)从事房地产咨询业务的,具有房地产及相关专业中等以上学历、初级以上专业技术职称人员须占总人数的50%以上;从事房地产评估业务的,须有规定数量的房地产估价师;从事房地产经纪业务的,须有规定数量的房地产经纪人。

设立房地产中介服务机构的资金和人员条件,应由当地县级以上房地产管理部门进行审查,经审查合格后,再行办理工商登记。

需要跨省、自治区、直辖市从事房地产估价业务的机构,应报国务院建设行政主管部门审查。经审查合格后,再行办理工商登记。

第十三条 设立房地产中介服务机构,应当向当地的工商行政管理部门申请设立登记。房地产中介服务机构在领取营业执照后的一个月内,应当到登记机关所在地的县级以上人民政府房地产管理部门备案。

设立有限责任公司、股份有限公司从事房地产中介业务的,还应当执行《中华人民共和国公司法》的有关规定。

第十四条 房地产管理部门应当每年对房地产中介服务机构的专业人员条件进行一次检查,并于每年年初公布检查合格的房地产中介服务机构名单。检查不合格的,不得从事房地产中介业务。

第十五条 房地产中介服务机构必须履行下列义务:

(一)遵守有关的法律、法规和政策;

(二)遵守自愿、公平、诚实信用的原则;

(三)按照核准的业务范围从事经营活动;

(四)按规定标准收取费用;

(五)依法交纳税费;

(六)接受行业主管部门及其它有关部门的指导、监督和检查。

第四章 中介业务管理

第十六条 房地产中介服务人员承办业务,由其所在中介机构统一受理并与委托人签订书面中介服务合同。

第十七条 经委托人同意,房地产中介服务机构可以将委托的房地产中介业务转让委托给具有相应资格的中介服务机构代理,但不得增加佣金。

第十八条 房地产中介服务合同应当包括下列主要内容:

(一)当事人姓名或者名称、住所;

(二)中介服务项目的名称、内容、要求和标准;

（三）合同履行期限；

（四）收费金额和支付方式、时间；

（五）违约责任和纠纷解决方式；

（六）当事人约定的其它内容。

第十九条 房地产中介服务费用由房地产中介服务机构统一收取，房地产中介服务机构收取费用应当开具发票，依法纳税。

第二十条 房地产中介服务机构开展业务应当建立业务记录，设立业务台帐。业务记录和业务台帐应当载明业务活动中的收入、支出等费用，以及省、自治区建设行政主管部门和直辖市房地产管理部门要求的其他内容。

第二十一条 房地产中介服务人员执行业务，可以根据需要查阅委托人的有关资料和文件，查看现场。委托人应当协助。

第二十二条 房地产中介服务人员在房地产中介活动中不得有下列行为：

（一）索取、收受委托合同以外的酬金或其他财物，或者利用工作之便，牟取其他不正当的利益；

（二）允许他人以自己的名义从事房地产中介业务；

（三）同时在两个或两个以上中介服务机构执行业务；

（四）与一方当事人串通损害另一方当事人利益；

（五）法律，法规禁止的其他行为。

第二十三条 房地产中介服务人员与委托人有利害关系的，应当回避。委托人有权要求其回避。

第二十四条 因房地产中介服务人员过失，给当事人造成经济损失的，由所在中介服务机构承担赔偿责任。所在中介服务机构可以对有关人员追偿。

第五章 罚 则

第二十五条 违反本规定，有下列行为之一的，由直辖市、市、县人民政府房地产管理部门会同有关部门对责任者给予处罚：

（一）未取得房地产中介资格擅自从事房地产中介业务的，责令停止房地产中介业务，没收非法所得，并可处以罚款；

（二）违反本规定第十条第一款规定的，吊销资格证书，并可处以罚款；

（三）违反本规定第二十二条规定的，吊销资格证书，没收非法所得，并可处以罚款；

（四）超过营业范围从事房地产中介活动的，没收非法所得，并可处以罚款。

第二十六条 因委托人的原因，给房地产中介服务机构或人员造成经济损失的，委托人应当承担赔偿责任。

第二十七条 房地产中介服务人员违反本规定，情节严重、构成犯罪的，由司法机关依法追究刑事责任。

第二十八条 房地产管理部门工作人员在房地产中介服务管理中以权谋私、贪污受贿的，由所在单位或其上级主管部门给予行政处分；情节严重、构成犯罪的，由司法机关依法追究刑事责任。

第六章 附 则

第二十九条 省、自治区、直辖市建设行政主管部门可以根据本规定制定实施细则。

第三十条 本规定由国务院建设行政主管部门负责解释。

第三十一条 本规定自1996年2月1日起施行。

本规定发布前从事房地产中介服务的机构，应当按本规定补办手续，经审查合格后，方可继续营业。